A (nova) Lei de Acesso aos Documentos Administrativos

A (nova) Lei de Acesso aos Documentos Administrativos

2020 · 2ª Edição

Sérgio Pratas
Vice-Presidente da CPCCRD e Diretor da Revista Análise Associativa

ALMEDINA

A (NOVA) LEI DE ACESSO AOS DOCUMENTOS
ADMINISTRATIVOS AUTOR
Sérgio Pratas
EDITOR
EDIÇÕES ALMEDINA, S.A.
Rua Fernandes Tomás, nºs 76, 78 e 80
3000-167 Coimbra
Tel.: 239 851 904 · Fax: 239 851 901
www.almedina.net · editora@almedina.net
DESIGN DE CAPA
FBA.
PRÉ-IMPRESSÃO
EDIÇÕES ALMEDINA, S.A.
IMPRESSÃO E ACABAMENTO
ACD Print, S.A.

Fevereiro, 2020
DEPÓSITO LEGAL
467864/20

ALMEDINA | GRUPOALMEDINA

Biblioteca Nacional de Portugal – Catalogação na Publicação

PRATAS, Sérgio

A (nova) lei de acesso aos documentos administrativos. – 2ª ed. – (Monografias)
ISBN 978-972-40-8343-8

CDU 342

À memória do meu avô Vitorino

A democracia – tal como a conhecemos no mundo desenvolvido – é o exercício de poder num processo de delegação em representantes, no qual os cidadãos não abdicam da sua prerrogativa de exercer vigilância sobre o comportamento daqueles que os representam.

Gustavo Cardoso (2005: 220)

O ideal do poderoso foi sempre poder ver todos os gestos e escutar todas as palavras dos seus súbditos (possivelmente sem ser visto nem escutado por eles): este ideal tornou-se hoje exequível.

Norberto Bobbio (1988: 40)

ÍNDICE

Abreviaturas 11

NOTA DE ABERTURA 13

PREFÁCIO 15

INTRODUÇÃO 19

PARTE I
SUBSÍDIOS PARA O ESTUDO DA TRANSPARÊNCIA
ADMINISTRATIVA 25

CAPÍTULO 1 – Administração aberta no Século XXI:
principais oportunidades e ameaças 27
1 – Principais oportunidades 27
2 – Principais ameaças 33

CAPÍTULO 2 – O acesso à informação administrativa em Portugal 37
1 – Enquadramento constitucional e comunitário 37
2 – Nota histórica 41

PARTE II
O ACESSO E A REUTILIZAÇÃO 47

CAPÍTULO 1 – A divulgação ativa da informação 49
1 – As leis de terceira geração 49
2 – A nova LADA e a divulgação ativa 51

CAPÍTULO 2 – O acesso por particulares 55
1 – A extensão do direito de acesso 55
1.1 – Sujeitos ativos 55
1.2 – Sujeitos passivos 58
1.3 – O objeto (ou conteúdo) do direito 63
1.4 – Princípio geral e restrições 65
1.5 – Comunicação parcial e publicidade 82
1.6 – Acesso à informação de saúde 83
2 – O exercício do direito de acesso 88
3 – As garantias dos particulares 93

CAPÍTULO 3 – A reutilização 97
1 – A noção de reutilização 97
2 – Reutilização livre 101
3 – O direito de reutilização 105
4 – O exercício do direito de reutilização e as garantias dos particulares . . 106

PARTE III
A CADA E OS RESPONSÁVEIS PELO ACESSO 109

CAPÍTULO 1 – A CADA 111
1 – Natureza, missão e composição 111
2 – Competências 114

CAPÍTULO 2 – Os responsáveis pelo acesso 119
1 – O passado e o presente 119
2 – E agora? 122

NOTAS FINAIS 125
1 – A nova LADA. Breve balanço 125
2 – A nova LADA. Principais alterações 127
3 – A nova LADA. Pontos críticos e propostas de alteração 128

REFERÊNCIAS BIBLIOGRÁFICAS 133

ABREVIATURAS

ANAFRE	Associação Nacional de Freguesias
ANMP	Associação Nacional de Municípios Portugueses
CADA	Comissão de Acesso aos Documentos Administrativos
CNPD	Comissão Nacional de Proteção de Dados
CPA	Código do Procedimento Administrativo
CPCCRD	Confederação Portuguesa das Coletividades de Cultura, Recreio e Desporto
CPTA	Código de Processo nos Tribunais Administrativos
CRP	Constituição da República Portuguesa
LADA	Lei de Acesso aos Documentos Administrativos
RGPD	Regulamento Geral sobre a Proteção de Dados
RAI	Responsável pelo Acesso à Informação
STA	Supremo Tribunal Administrativo

NOTA DE ABERTURA (1.ª EDIÇÃO)

O livro "A (NOVA) LEI DE ACESSO AOS DOCUMENTOS ADMINISTRATIVOS" dá-nos uma perspectiva e retrospectiva da lei que regula o acesso à informação administrativa em Portugal e sobre as principais alterações introduzidas com a nova LADA – Lei n.º 26/2016, de 22 de agosto. Uma obra importante e que aponta os principais aspectos positivos e negativos do actual quadro legislativo, mas também expõe propostas de reformulação para uma melhoria contínua dos sistemas em vigor.

O Professor João Miranda apresenta-nos no Prefácio uma abordagem geral sobre as questões da transparência administrativa em Portugal e sobre a nova lei. Temas sobre os quais importa reflectir e que devem ser considerados pelos responsáveis do poder central, regional e local na sua tomada de decisões e introduzidos nos seus processos de organização administrativa.

O Município de Alfândega da Fé tem sido, nos últimos três anos, reconhecido a nível nacional como a autarquia mais transparente do país. Motivo que nos orgulha mas que, por outro lado, nos coloca numa posição cada vez mais exigente na prestação de contas e de informação aos nossos munícipes. Reconhecemos que um cidadão informado é um cidadão mais ativo e participativo e é nossa obrigação disponibilizar informação de forma clara e acessível. Ainda assim, convém estarmos atentos às questões da confidencialidade e da protecção de dados que, por vezes, colidem com a liberdade de acesso à informação.

É a pensar nestas questões que temos vindo a aprimorar a forma como comunicamos interna e externamente. O nosso *site* institucional é, claramente, o meio por excelência de comunicarmos com os munícipes e onde é vertida a informação relevante sobre a actividade municipal. Desde aquela que a lei obriga a publicitar até à que a autarquia entende tratar-se relevante para os cidadãos se manterem devidamente esclarecidos e informados acerca das suas diversas áreas de atuação. É sobre a informação disponibilizada no *site* que a TIAC – Transparência e Integridade (Associação Cívica), faz a avaliação do Índice de Transparência Municipal e nos tem colocado em 1º lugar no *ranking* das autarquias mais transparentes.

Três anos a liderar o índice de Transparência Municipal exige ao Município de Alfândega da Fé mais atenção ao processo de comunicação e uma procura constante do aperfeiçoamento na forma como transmitimos a informação. Queremos continuar a liderar garantindo o rigor, a periodicidade, veracidade e clareza das informações prestadas. Não nos interessa verter conteúdos no *site* se o nosso público não os compreender. É importante explicar aos cidadãos, de forma clara e compreensível para todos, o que determinado documento significa e porque está ali. É desta forma que contribuímos para uma sociedade mais aberta, transparente e verdadeiramente democrática. É também este o nosso desafio.

Berta Nunes
Presidente da Câmara Municipal de Alfândega da Fé

PREFÁCIO (1.ª EDIÇÃO)

A obra da autoria do Dr. Sérgio Pratas que agora é dada à estampa constitui uma leitura obrigatória para todos aqueles que no seu quotidiano profissional são chamados a aplicar a Lei de Acesso aos Documentos Administrativos, aprovada pela Lei n.º 26/2016, de 22 de agosto. Antes de mais, porque o seu Autor é um reputado especialista em matérias de acesso à informação administrativa e conseguiu enunciar, através de um discurso claro e rigoroso, os principais problemas que a aplicação da lei suscita e apresentar soluções para os mesmos. Mas a leitura da obra é igualmente imprescindível como lição de cidadania, uma vez que contribui para a compreensão dos direitos fundamentais dos cidadãos face à Administração e, em termos mais gerais, para o fortalecimento do exercício de controlo do poder público.

Conforme assinala o Autor, a Lei n.º 26/2016, de 22 de agosto, é uma lei de acesso de terceira geração, em que a Administração deixa de estar colocada numa posição meramente reativa de resposta às solicitações dos cidadãos, exigindo-se agora uma conduta pró-ativa de divulgação ativa da informação administrativa. Todavia, trata-se de um dever imperfeito, uma vez que a falta de sanção pelo incumprimento da divulgação ativa de informação pelas entidades que produzem ou detêm informação administrativa pode fazer com que os resultados desejados da aplicação da mencionada Lei fiquem aquém do desejado.

O novo paradigma permite uma ligação permanente dos cidadãos face à Administração mas também comporta certos escolhos, entre os quais avultam os custos do acesso. O desafio que aqui se coloca é o de saber aproveitar as novas tecnologias de informação, eliminando ou, pelo menos, mitigando os custos administrativos e os custos a suportar pelos cidadãos. De forma lúcida, o Autor chama, no entanto, a atenção para algumas sombras que podem obscurecer o caminho virtuoso de utilização das novas tecnologias para facilitar o acesso à informação administrativa: a iliteracia digital dos utilizadores; os riscos em matéria de proteção de dados pessoais. Na minha opinião, é este último risco que suscita mais problemas, desde logo porque a tentação de disponibilização ativa de informação sem expurgo de informação reservada é elevado. Neste campo, cabe aos responsáveis pelo acesso à informação assegurar que a informação disponibilizada é devidamente expurgada dos elementos relativos a dados pessoais.

Na reflexão que é efetuada sobre a temática do acesso aos documentos administrativos, o Autor enfrenta também um conjunto de questões difíceis, que qualifica como velhas e novas ameaças que se colocam ao acesso à informação administrativa, das quais salientamos duas.

A primeira prende-se com a difícil questão da rentabilização da informação administrativa. Na verdade, a discussão em apreço insere-se na problemática mais vasta da valorização dos bens da Administração Pública, que tem sido abordada essencialmente pelos administrativistas da perspetiva dos bens materiais e das coisas corpóreas, esquecendo-se que um dos principais tesouros de que dispõe a Administração reside no acervo documental produzido no exercício da função administrativa e que possui um evidente valor comercial. O Autor não escamoteia os dilemas que aqui se colocam, assinalando que "*a Administração tem que fazer escolhas: ou divulgar ativamente a informação na Internet (que assim perde muito do seu valor comercial), ou guardá-la para a disponibilizar à indústria de conteúdos – e dessa forma rentabilizar este recurso*". Em face da pressão da União Europeia no sentido da criação de novos mercados e do estado exangue das finanças da generalidade das entidades públicas, é de crer que venha a prevalecer a tendência para a valorização dos bens imateriais da Administração, em detrimento da divulgação ativa da informação administrativa.

A segunda reside no impacto do regime de proteção de dados sobre o acesso à informação administrativa. Paradoxalmente, numa sociedade em que os espaços de intimidade e de liberdade têm vindo a ser reduzidos por vontade das próprias pessoas ou devido à necessidade de acautelar outros valores como a segurança, a necessidade de proteção da *privacy* e dos dados pessoais tem vindo a fazer o seu caminho e nunca a sociedade foi tão sensível à necessidade de acautelar os dados pessoais dos cidadãos. Para tanto, muito tem contribuído a influência da União Europeia sobre as leis dos Estados membros que, direta ou indiretamente, versam sobre matérias relativas a dados pessoais. Nesta sede, o Autor chama a atenção para o risco de a ênfase na proteção de dados pessoais poder atrofiar a transparência administrativa, dado que a larga maioria dos documentos administrativos contém dados pessoais. Partilhamos da sua preocupação, sobretudo porque a definição de "documento nominativo" constante do artigo 3.º, n.º 1, alínea b) da Lei n.º 26/2016, de 22 de agosto, pode prestar-se à leitura apressada de que o acesso aos documentos administrativos que contenha dados pessoais se pauta, sem mais, pelo regime legal de proteção de dados pessoais. Na realidade, não pode ser assim, uma vez que a "receção" desse regime na Lei de Acesso aos Documentos Administrativos carece das necessárias adaptações decorrentes de a atividade administrativa dever ser transparente e de a apreciação dos pedidos de acesso de particulares ou de as decisões de disponibilização ativa de informação pressuporem um exercício de concordância prática entre bens jurídicos constitucionais conflituantes: a transparência administrativa e o direito à informação administrativa, por um lado, e a proteção de dados pessoais, por outro. A resposta apenas pode ser apurada no caso concreto, com base na ponderação a efetuar com base, nomeadamente, em critérios de proporcionalidade e de razoabilidade.

Aproveitando o ensejo que me foi amavelmente concedido pelo Autor, gostaria ainda de deixar uma reflexão final sobre a natureza dos atos praticados pela Comissão de Acesso aos Documentos Administrativos (CADA) e sobre a articulação desta entidade administrativa independente com os tribunais administrativos, a quem cabe julgar litígios em caso de denegação do direito de acesso. A posição, de natureza estritamente pessoal e que não vincula nenhum dos outros membros da Comissão e, muito menos, esta instituição, que venho defendendo há já algum tempo é a de que, não obstante os pareceres da CADA serem acatados na sua maioria, ainda continuam a subsistir situações em que isso não acontece, com grave prejuízo para os direitos dos cidadãos e para a qualidade da democracia. Por isso mesmo, à semelhança do que sucede com os atos da Comissão Nacional de Proteção de Dados Pessoais, também a CADA deveria ser competente para proferir decisões sobre os pedidos de acesso dos cidadãos, que seriam, posteriormente, suscetíveis de impugnação contenciosa junto dos Tribunais por estes, se não concordassem com as decisões e também pela Administração, em caso de ser satisfeita a pretensão dos requerentes. Evidentemente que esta solução para ser exequível teria de envolver um reforço dos recursos humanos da CADA e a concessão a esta de poderes de instrução dos processos que hoje a lei não lhe confere. Mas, caso viesse a ser posta em prática, teria condições para aliviar os tribunais administrativos de muitos processos, tornando-se a CADA a entidade que interviria obrigatoriamente numa primeira fase e reservando os tribunais para um segundo momento de reexame das decisões da CADA.

Em conclusão, a obra que tive o gosto de prefaciar confirma o conhecimento apreciável do Dr. Sérgio Pratas no tocante ao acesso à informação administrativa e permite antever que não faltará muito para a concretização de trabalhos do Autor ainda de maior fôlego sobre a transparência administrativa. Oxalá que, para bem dos leitores dos trabalhos do Dr. Sérgio Pratas, nos quais me incluo, este vaticínio se cumpra com a maior brevidade possível.

João Miranda
(Professor Auxiliar da Faculdade de Direito da Universidade de Lisboa e Vogal da Comissão de Acesso aos Documentos Administrativos)

INTRODUÇÃO

1.

A transparência e o direito de acesso à informação estiveram durante muito tempo – todo o período do Estado liberal – à margem da Administração Pública, axiomaticamente limitada a uma mera execução da lei e sujeita apenas a um controlo jurisdicional de legalidade. Houve naturalmente exceções (é o caso da Suécia, cuja lei de acesso data de 1766), mas que não contrariam o quadro geral, ou a regra: uma Administração fechada, distante e pouco transparente.

E a realidade não mudou muito com a transição para os Estados pós-liberais e com o crescente protagonismo de uma omnipresente Administração. Alguns países acabariam por estabelecer direitos de acesso, ainda rudimentares, ao alcance apenas de uma parte dos cidadãos – os diretamente interessados nos processos administrativos. Eram leis de primeira geração.

Foi preciso esperar pelo final da década de 70 do século XX para se assistir a uma mudança substancial nesta matéria: adoção gradual de leis de segunda geração, que atribuem a todos os cidadãos (independentemente de serem ou não diretamente interessados) o direito de acesso à informação administrativa. Mudança que surge num quadro de crise do Estado social e de início da denominada *"era da reforma administrativa"*. Ainda no decorrer do século XX, a expansão de leis de acesso prossegue a bom ritmo. Em fevereiro de 2005 eram já 62 os países com leis de acesso aos documentos administrativos (Pratas, 2008a: 20).

É neste quadro que surge em Portugal, em 1993, a primeira Lei de Acesso aos Documentos Administrativos (LADA): a Lei n.º 65/93, de 26 de agosto.

Uma lei de segunda geração muito avançada à época – ou *"forte na sua redação"*, de acordo com as palavras de Jonh M. Ackerman e Irma E. Sandoval (2005: 36).

2.

As leis de acesso de segunda geração, por mais progressistas que sejam, têm, todas elas, uma fragilidade reconhecida. Anunciam a possibilidade de controlo da atividade administrativa (diretamente) por parte dos cidadãos, mas comportam ou convivem com uma barreira que inviabiliza o cumprimento desse objetivo: o acesso envolve sempre um custo relativamente elevado. Mesmo a consulta gratuita tem um custo significativo: o tempo despendido na deslocação, o custo do pedido/requerimento, o custo com a deslocação, etc. São, por isso, leis pouco eficazes.

É nesse quadro que se começam a conceber e desenhar leis de acesso mais avançadas, já de terceira geração: leis que criam a obrigação de divulgação ativa da informação administrativa, designadamente através da *Internet*. Os documentos administrativos passam a estar acessíveis 24 horas por dia. Podem ser consultados em casa, no escritório, no telemóvel – e em qualquer parte do mundo. Estas leis introduzem uma grande mudança no acesso à informação administrativa, tornando o acesso finalmente cómodo, fácil, "acessível". Um bom exemplo de uma lei de acesso de terceira geração é a lei brasileira n.º 12527, de 18/11/2011.

Em Portugal, os trabalhos preparatórios com vista à aprovação de uma lei de terceira geração começaram em 2011. Nesse ano, a Comissão de Acesso aos Documentos Administrativos (CADA) aprovou e enviou para a Assembleia da República um anteprojeto de lei de acesso à informação administrativa – Processo n.º 30/2011 (disponível em www.cada.pt). Na justificação da proposta afirmava-se o seguinte:

> *"Além disso, procurou a CADA que este projeto acompanhasse a evolução do direito de acesso à informação administrativa, pela instituição de um novo paradigma. Com efeito, numa época em que a informação é praticamente toda digital, e na qual o custo de viabilização do acesso é provavelmente superior ao custo de disponibilização informática da informação, consagra-se a passagem de uma postura re-activa (a administração detém a informação, o particular*

pede o acesso e a informação é disponibilizada) para uma postura pró-activa (a administração detém a informação e coloca-a online, acedendo o particular nos termos em que entender), cabendo aos esquemas tradicionais de acesso apenas uma função residual.

Como vantagens deste novo modelo apontam-se as seguintes:

a) A maior responsabilização das administrações e dos seus funcionários, cuja atividade passa a ser genericamente monitorizada através desta publicidade;

b) O maior controlo que daí advém para a própria atividade administrativa, especificamente na perspetiva preventiva;

c) O fim do acesso à informação administrativa como um problema, através da normalização da policy segundo a qual tudo o que é público é normalmente disponibilizado aos particulares e, por inerência, conhecido".

Esse anteprojeto acabaria, no entanto, por ficar na gaveta, até 2016. Sendo a ideia retomada, expressamente, com a Proposta de Lei n.º 18/XIII. Na exposição de motivos desta iniciativa legislativa dá-se nota do seguinte:

> *"Nesse contexto, a presente intervenção legislativa consagra, em primeiro lugar, a obrigação de todos os órgãos e entidades da Administração Pública, ou que com ela colaborem, disponibilizarem proactivamente, de forma completa, organizada, e em linguagem clara e de fácil compreensão por todos os cidadãos, um elenco significativo de informação e documentação que, pela sua relevância e natureza, deva ser considerada pública e, nestes termos, acessível a todos, utilizando os respetivos sítios da Internet e complementando o acesso através de plataformas centralizadas que procedam à referenciação dessa informação (...)".*

A intenção e os objetivos do Governo eram claros. Mas será que a lei entretanto aprovada, a Lei n.º 26/2016, de 22 de agosto (a nova LADA), dá resposta cabal a essa pretensão inicial? Por outras palavras: será a nova LADA, na realidade, uma lei de terceira geração? Veio esta nova lei alterar o paradigma dominante, como anunciava a CADA?

3.
A nova LADA é já a terceira lei de acesso publicada em Portugal. As outras duas são a Lei n.º 65/93, de 26 de agosto, e a Lei n.º 46/2007, de 24 de agosto.

Ao contrário da Lei n.º 46/2007, que é uma lei de continuidade e que visa essencialmente o aperfeiçoamento da Lei n.º 65/93, a nova LADA é uma lei de rutura, de mudança. São muitas e muito significativas as alterações que introduz relativamente ao regime anteriormente em vigor. Algumas incompreensíveis. Outras criticáveis. Outras positivas. Várias de difícil análise e exegese. A mudança é de tal forma expressiva, substancial, que a maior parte das alterações não foi ainda devidamente entendida e assimilada pelos serviços públicos e restantes entidades a quem a lei se aplica.

O principal objetivo do presente trabalho é, assim, contribuir para uma melhor compreensão dessas alterações e do regime agora em vigor. Pretende-se criar uma base de estudo e reflexão que possa ser utilizada pelos serviços da Administração e por qualquer interessado.

Esse primeiro objetivo surge estreitamente ligado a um segundo, que corresponde e dá resposta a uma necessidade concreta do autor. O autor tem vindo ao longo dos últimos anos a coordenar e acompanhar ações de formação sobre esta temática. E depara-se neste momento com uma evidente lacuna: a falta de estudos e publicações que ajudem a interpretar e a aplicar corretamente a lei. E que ajudem os formandos a aprofundar conhecimentos. Os poucos estudos publicados estão hoje, em grande parte, desatualizados.

A acrescentar a esses dois objetivos, assume-se igualmente o compromisso de identificar lacunas, incongruências e outros aspetos da lei a merecer reforma. No final do trabalho serão apresentadas algumas questões a merecer atenção por parte do legislador, bem como as soluções ou propostas defendidas pelo autor[1].

[1] Objetivo que assume particular relevância, em face de alertas que surgem de vários quadrantes. Como referia a LUSA, em 22 de maio de 2017, *"A Comissão Europeia alerta que a administração pública de Portugal continua com «baixos níveis de eficiência e de transparência» e que os planos de prevenção da corrupção «têm sido amplamente formalistas», não estando adaptados nem a ser monitorizados"*.

4.
No plano metodológico optou-se por começar este estudo com uma análise de direito comparado, através da qual se procurarão identificar as principais oportunidades e ameaças que se colocam atualmente ao acesso à informação administrativa e à transparência do Estado. Oportunidades e ameaças que, em tensão permanente, continuam a influenciar a produção legislativa nas mais variadas latitudes, bem como as práticas assumidas pelos serviços públicos. Entende-se que essa caracterização geral assume grande importância, desde logo na análise e compreensão das alterações inscritas na nova LADA.

Num segundo momento, e ainda com o objetivo de criar perspetiva, será relativamente detalhado o contexto histórico de aprovação desta lei, a nova LADA. E serão ainda apresentadas, de forma breve, as suas antecessoras: a Lei n.º 65/93 e a Lei n.º 46/2007. A este propósito abordaremos também as questões do quadro constitucional e da legislação comunitária em vigor.

O passo seguinte será para analisar, com algum detalhe, cada um dos pilares, ou componentes fundamentais, do novo sistema jurídico do acesso: a divulgação ativa de informação, o direito de acesso, o direito de reutilização, a CADA e os responsáveis pelo acesso. Será esse o foco central do presente estudo e aquele que terá um maior desenvolvimento. Procurar-se-á desmontar e analisar cada uma dessas componentes e identificar as peças que funcionam mal, bem como os grãos de areia que emperram a engrenagem.

No final do estudo, serão apresentadas as principais conclusões a que se chegou. Será apresentado um quadro com as principais alterações introduzidas pela nova LADA. E que as enquadrará em três categorias: alterações positivas, negativas e sem impacto relevante. Serão ainda apresentadas as principais fragilidades do quadro legal em vigor. E serão também sistematizadas algumas propostas com vista à reforma do atual sistema.

5.
As leis de acesso podem ser olhadas sob diversos ângulos ou perspetivas. A do cidadão (que pretende ter acesso à informação). A dos serviços públicos (que aplicam a lei todos os dias). A do legislador (que pretende alcançar determinados objetivos). A da Comissão de Acesso aos Documentos Administrativos, ou CADA (a quem cabe zelar pelo cumprimento da lei).

O autor, face ao seu percurso pessoal e profissional, teve a oportunidade de olhar a lei – e de a utilizar e aplicar – a partir desses vários ângulos, complementares. Essa experiência e esta abordagem estarão sempre presentes, ao longo de todo o trabalho. Essa será outra marca metodológica do presente estudo.

Outra preocupação central será a do contraditório. O conhecimento é um processo dialético, que se constrói a partir de determinadas teses, muitas vezes contrariadas. Procurar-se-ão trazer para o centro do debate e da reflexão as teses e as antíteses. Serão um recurso permanente quer os pareceres da CADA, que encerram muitas vezes um evidente contraditório corporizado através dos votos de vencido, quer o debate realizado na Assembleia da República aquando da aprovação da lei (trabalhos preparatórios).

PARTE I
SUBSÍDIOS PARA O ESTUDO DA TRANSPARÊNCIA ADMINISTRATIVA

CAPÍTULO 1
Administração aberta no Século XXI: principais oportunidades e ameaças

1 – Principais oportunidades

Como sublinhava Bobbio nos finais dos anos oitenta do século XX (1988: 73-74), para se avaliar o desenvolvimento da democracia, num dado país, o critério já não deve ser o número de pessoas que têm direito de voto, mas antes o *"número de instâncias, diferentes das sedes políticas, em que se exerce o direito de voto"*. Acrescentava Bobbio que *"os dois grandes blocos de poder descentralizado e hierárquico de todas as sociedades complexas, que são a grande empresa e a administração pública"*, não tinham ainda sido tocados pelo *"processo de democratização"* (1988: 75).

Decorridos mais de 25 anos, essa realidade sofreu alguma alteração? Ou continua tudo igual? Vejamos apenas o caso da Administração Pública. O que é que mudou neste último quarto de século na Administração Pública? Que mudanças foram introduzidas? Que reformas foram implementadas e com que resultados e impacto? E que mudanças são hoje visíveis em matéria de transparência?

Com a crise do Estado social, dos anos 70 do século XX, a Administração Pública – assente num modelo burocrático – passa a ser sistematicamente posta em causa, discutindo-se entre outros aspetos o seu peso na vida social e económica[2]. É neste quadro que tem início a denominada *"era da reforma administrativa"* – a partir do final da década de 70 as Administrações dos Estados da OCDE entram num ciclo contínuo de importantes reformas. Processo que continua ainda hoje inacabado.

Cada país seguiu, naturalmente, o seu próprio caminho, ditado por um concreto contexto histórico, cultural e institucional. Apesar disso, é possível identificar no primeiro ciclo de reformas, desenvolvido nas décadas de 80 e 90, um conjunto de aspetos comuns. Desde logo, um conjunto de objetivos comuns:

a) Diminuir o peso do setor público;
b) Melhorar a capacidade de monitorização da Administração;
c) Melhorar a gestão do setor público, através da adoção de técnicas e processos de gestão empresarial;
d) Democratizar a Administração, ou seja, *"promover a participação dos cidadãos, empreender processos de consulta regular aos cidadãos, cultivar a transparência na administração, proporcionar igualdade de oportunidades no recrutamento e promoção na administração e experimentar a democracia no local de trabalho, estimulando os funcionários a participar nas decisões da vida quotidiana da organização"* (Teixeira, 2002: 18-19);
e) Tornar o setor público mais amistoso;
f) Reduzir o número de funcionários e generalizar a utilização do contrato de trabalho na Administração Pública (Rocha: 2001: 82).

Tais objetivos podem ser reconduzidos, segundo Rocha (2001: 82), a uma ideia (ou objetivo) central: o que se pretende é a substituição do modelo de gestão pública. Ou seja, a substituição do *"Estado providência por um Estado managerial"*. A adoção de um novo modelo de Administração: o modelo managerial[3].

A Administração Pública dos Estados da OCDE conheceu, face a este impulso reformador, importantes mudanças. E uma das áreas onde tais mudanças mais se fizeram sentir foi, precisamente, a das relações entre a Administração

[2] Sobre os principais traços do modelo burocrático e as suas implicações em matéria de transparência, veja-se Pratas (2013: 43 e seguintes).

[3] Para um maior desenvolvimento sobre este processo de reforma, as áreas de intervenção, tipologia e modelos de reforma, veja-se Pratas (2013: 47 e seguintes).

e os cidadãos. A transformação das relações Administração/cidadãos acabaria por seguir duas vias fundamentais:

a) Para além das ações de marketing público, de publicidade institucional e de relações públicas, a Administração passa a ter que facultar o acesso aos documentos que tem à sua disposição e a explicar, ou justificar, as suas decisões;
b) Ao mesmo tempo, as decisões da Administração deixam de ser tomadas ao abrigo de toda e qualquer discussão, ou seja, os cidadãos passam a participar no *"processo de decisão das políticas em geral e dos procedimentos em particular"* (Rocha, 2001: 77).

A Administração tornou-se menos fechada, menos secreta e tornou-se também mais próxima dos cidadãos. Mudanças que contribuem, todas elas, para uma maior transparência da atividade administrativa – transparência administrativa[4]. É também neste período – e no contexto destas reformas –

[4] São três os pressupostos, ou requisitos, fundamentais do Estado transparente:
– Os regimes políticos ditatoriais são sempre pouco transparentes. Pode haver mais ou menos opacidade, mas o Estado é por natureza opaco. Ou seja, o Estado transparente pressupõe, desde logo, um regime político democrático.
– O Estado transparente pressupõe, em segundo lugar, a transparência dos diversos poderes do Estado: do poder legislativo, do poder executivo e do poder judicial.
– Para além disso, o Estado transparente assenta em três pilares – ou dimensões – fundamentais:
a) ACESSO À INFORMAÇÃO: para haver transparência é necessário, antes de mais, que seja possível aceder à informação do sector público.
b) DIFUSÃO E DISCUSSÃO: para haver transparência é, igualmente, fundamental que esteja devidamente salvaguardado o fluxo da informação, bem como os mecanismos que permitam, garantam e promovam a discussão dos assuntos públicos.
c) PROXIMIDADE: um Estado transparente está, por outro lado, próximo da sociedade, isto é, não funciona separado e isolado do resto da sociedade.
Para um maior desenvolvimento, veja-se Pratas (2013: 40 e seguintes).
Qualquer política pública que vise a transparência do Estado deverá partir desta realidade e identificar um conjunto de instrumentos e medidas que promova e concretize estes três pilares ou dimensões.
E o mesmo acontece especificamente com a transparência administrativa – ou seja, a transparência associada ao exercício da atividade administrativa. Para um maior desenvolvimento sobre as alterações introduzidas – com as reformas – nessas três dimensões da transparência administrativa (acesso à informação, difusão e discussão e proximidade), veja-se Pratas (2013: 51).

que se assiste à adoção progressiva e em várias latitudes de leis de acesso de segunda geração.

Não obstante esta transformação, com efeitos positivos designadamente no plano das relações Administração/cidadãos, passadas duas décadas de reformas começou a perceber-se que nem tudo correu bem:

a) O recurso ao *contracting-out* não trouxe necessariamente benefícios já que as empresas privadas acabaram, invariavelmente, por procurar aumentar sempre a sua margem de lucro, diminuindo as obrigações impostas pelos poderes públicos e interpretando as cláusulas contratuais aplicáveis segundo os seus interesses;
b) Houve problemas, também, ao nível da motivação dos funcionários, que deixaram de ser respeitados e passaram a ser tratados com suspeição e a ser responsabilizados pelo mau funcionamento da Administração;
c) Associado à flexibilidade, à desregulação e à politização da Administração, assistiu-se igualmente à erosão dos *standards* éticos vindos da Administração burocrática (Rocha, 2001: 183).

E é neste quadro que *"começamos agora, crescentemente, a conceber um outro tipo de administração, enriquecido pelas teorias da cidadania democrática que transformam o modelo managerialista (...) e que podemos definir como administração recetiva à cidadania, uma espécie de «terceira via» entre o modelo burocrático e o modelo managerial"* (Fonseca, 2002: 35). A gestão das organizações públicas, que ocorre no contexto da democracia política, começa assim a ser encarada como governação de *networks*, em que intervêm diversos atores. A Administração assume um papel de mediador entre os diversos atores do processo político.

Está a dar-se mais um passo importante rumo à democracia administrativa. Como nota Fátima Fonseca (2002: 35), a Administração recetiva à cidadania *"pensa estrategicamente, mas age democraticamente, valoriza a cidadania e o serviço público acima da capacidade empreendedora e pretende servir não clientes, mas cidadãos, a quem presta contas e com quem dialoga. Com uma acentuada componente participativa, esta transformação corporiza, no fundo, uma evolução rumo à democracia administrativa, na medida em que os administrados, eminentemente passivos, tornaram-se cidadãos, que se pretendem parceiros ativos de uma administração aberta à sua participação"*.

Consequentemente, a relação entre os cidadãos e a Administração está a entrar numa nova fase da sua evolução. É verdade que as relações de informação e de consulta assumiram com a Administração managerial uma importância assinalável[5]. Não obstante, têm assumidamente uma função secundária ou instrumental, sempre ao serviço da eficiência e da eficácia. Já no contexto da Administração recetiva à cidadania, tais relações (bem como a relação de participação) são chamadas a desempenhar um papel central, enquanto condição indispensável ao exercício de uma nova cidadania, com a qual o cidadão passou a ser ator da governação (Miaille, 2003: 307).

Este novo contexto – que está a fazer o seu caminho – constitui uma oportunidade para a Administração aberta e para a promoção e aprofundamento das políticas de transparência administrativa. Por outras palavras: estão criadas condições muito favoráveis à adoção de medidas – legais e outras – que permitam ir mais longe, que possibilitem a resolução de problemas existentes e que assegurem um clima e uma cultura mais recetivos à transparência.

A Administração Pública está ainda confrontada com uma segunda oportunidade que poderá revolucionar a relação de informação: a oportunidade criada pela difusão e utilização das tecnologias da informação e da comunicação. A Administração aberta tem vindo a esbarrar numa barreira difícil de transpor: a dos custos do acesso. O acesso tem sempre um custo associado – o custo associado à elaboração e envio do requerimento de acesso, o valor que se paga pelas reproduções ou certidões, o tempo que se utiliza nas deslocações e consulta dos documentos. Esse custo condiciona fortemente a relação de informação[6].

[5] A relação de informação é, normalmente, uma relação de um só sentido – através da qual a Administração faculta o acesso à informação de que dispõe. A relação de consulta traduz-se, por seu lado, num processo bidirecional, no qual os cidadãos fornecem *feedback* sobre uma dada questão, podendo, assim, influenciar uma decisão que ainda não foi tomada. Na consulta, a Administração mantém a responsabilidade pela decisão. A participação ativa vai mais longe: abrange formas de envolvimento que vão desde a partilha de controlo da decisão ou execução até ao verdadeiro *empowerment*, entendido como a transferência de controlo sobre as decisões e os recursos para outros atores (Fonseca, 2003: 320).

[6] Com as leis de segunda geração, os pedidos de acesso surgem associados fundamentalmente a interesses particulares dos requerentes – que justificam os custos envolvidos. São muito menos frequentes os pedidos que têm como motivação principal o controlo da Administração.

Esta barreira pode, no entanto, ser limitada ou diminuída com o recurso à divulgação da informação administrativa através das tecnologias da informação e da comunicação. As vantagens para os cidadãos são óbvias:

a) Os arquivos e bibliotecas digitais estão abertos *"24 horas por dia, não fazem feriados nem pontes, nem têm qualquer tipo de descanso legalmente previsto"* (Magalhães, 1998: 40);
b) O acesso é mais amigável e mais cómodo: é possível ter acesso em qualquer lugar, incluindo em casa ou no escritório;
c) O acesso é mais rápido, o que assume grande importância sobretudo para os agentes económicos;
d) A digitalização é suscetível de introduzir um valor acrescentado, pelas possibilidades de exploração e cruzamento de informação;
e) E diminui-se o custo inerente à relação de informação.

Como se sublinhava já em 1997, no Livro Verde para a Sociedade da Informação em Portugal (1997: 19): *"As novas condições tecnológicas permitem substituir o procedimento típico do ciclo anterior, em que os cidadãos tinham de requerer à Administração acesso aos seus arquivos, por um novo modelo em que os arquivos digitais são abertos em redes eletrónicas, para que os cidadãos deles livremente se sirvam em função das suas necessidades"*.

Esta leitura positiva das oportunidades criadas pelas tecnologias não pode, todavia, obscurecer as dificuldades e limitações que lhe estão associadas:

a) Importa referir que a literacia digital é uma condição fundamental para a concretização dos objetivos do acesso eletrónico – e nem todos têm os recursos e as competências necessários para aceder à informação através da *Internet*.
b) Para além disso, a disponibilização de informação em arquivos digitais comporta sérios riscos em matéria de proteção de dados pessoais.

Esta realidade corporiza, de algum modo, o falhanço e ineficácia das leis de segunda geração, que têm como objetivo principal permitir aos cidadãos a possibilidade de controlarem diretamente a atividade da Administração.

A possibilidade de cruzamento de dados pode colocar a descoberto, sem qualquer proteção, a vida pessoal e íntima de um número elevado de cidadãos.

Por outro lado, como sublinha Maria Teresa Salis Gomes (2003: 348), não parece haver uma relação direta entre a existência ou a facilidade de acesso aos serviços em linha e a utilização real dos mesmos.

c) Os efeitos da utilização das novas tecnologias poderão ficar muito aquém do esperado. Sobretudo se a maioria dos cidadãos continuar a não assumir o papel que lhe cabe no processo de controlo democrático.

2 – Principais ameaças

Existem oportunidades, mas também ameaças. A relação de informação enfrenta, neste início de século, importantes (novas e velhas) ameaças.

A mais velha ameaça – e das que têm mais impacto – é a da resistência "original", a que se refere Bobbio (1998: 133): *"A comparação entre o modelo ideal do poder visível e a realidade das coisas deve ser feita tendo presente a tendência de todas as formas de domínio (...) para fugir do olhar dos dominados, escondendo-se e escondendo"*. Informação é poder. Partilhar informação implica uma partilha de poder.

A cultura organizacional funciona, também, por vezes, como uma ameaça. Apesar do ciclo de reformas iniciado nas décadas finais do século XX, há ainda muitos serviços públicos orientados mais para o processo do que para resultados, serviços fechados, normativos, distantes dos cidadãos e das suas necessidades (Pratas, 2013: 73 e seguintes). Continua-se a funcionar no registo lógico das leis de acesso de primeira geração. Perante um pedido de acesso, a pergunta que se faz imediatamente é: para quê? Sendo que, por norma, com as leis de segunda geração, o requerente não tem que justificar o seu pedido de acesso.

Um dos caminhos trilhados pelo processo de reforma da Administração iniciado no final do século XX foi o da privatização. Percurso que acabaria por assumir seis vias principais: a privatização da regulação administrativa da sociedade, a privatização do direito regulador da Administração, a privatização das formas organizativas da Administração, a privatização da gestão ou exploração de tarefas administrativas, a privatização do acesso a uma atividade económica e a privatização do capital social de entidades empresariais públicas (Paulo Otero, 2001: 37-43). Parte importante da atividade administrativa passa a ser exercida por pessoas coletivas privadas. Simultaneamente, deixam de funcionar os mecanismos de controlo tradicional – hierarquia e fixação de extensos regulamentos. Há assim o risco de uma maior opacidade – de haver atividades que deixam de estar sujeitas às leis de acesso[7].

A quarta ameaça surge relacionada com o terrorismo e as medidas excecionais de segurança que foram adotadas. Depois dos ataques de 11 de setembro, os Estados mais expostos (sobretudo estes) foram obrigados a adotar fortes medidas de segurança. Uma das medidas mais utilizadas foi a interdição de acesso a muitos documentos. O segredo de Estado assume, neste contexto, novas proporções; e aumenta também o risco de classificações abusivas.

A quinta ameaça está relacionada com o interesse crescente na comercialização da informação administrativa. A Administração tem que fazer escolhas: ou divulgar ativamente a informação na *Internet* (que assim perde muito do seu valor comercial), ou guardá-la para a disponibilizar à indústria de conteúdos – e dessa forma rentabilizar este recurso (Pratas, 2013: 83). Em torno da informação administrativa passam a girar vários interesses, conflituantes:

> *"Em primeiro lugar, o do próprio setor público que a recolhe, trata e utiliza no exercício das missões que desempenha, procurando garantir a sua existência e qualidade e, em certos casos, a sua confidencialidade; em segundo lugar, o interesse do cidadão, que tem o legítimo interesse de ser informado sobre a atuação do governo e da administração, no exercício das suas liberdades públicas e dos seus direitos políticos, bem como dos seus direitos como administrado; em terceiro lugar, o da indústria privada que vê na informação administrativa uma matéria-prima potencialmente valiosa como base para a preparação de produtos de informação comercializáveis"* (Gonçalves, 2003: 113).

Há ainda uma sexta ameaça, com impacto significativo na definição do regime de acesso aos documentos administrativos: as leis de proteção de dados pessoais – e a sua aplicação na Administração. A aplicação das leis de proteção

[7] Para um maior desenvolvimento sobre esta terceira ameaça, ver Pratas (2013: 79 e seguintes).

de dados pessoais ao setor público, sem um esforço efetivo de adaptação, pode conduzir a um perigoso atrofiamento do acesso e da transparência administrativa. É que a grande maioria dos documentos administrativos contém dados pessoais. Impõe-se, pois, um trabalho de articulação de regimes, que garanta – na Administração – quer a proteção de dados, quer a transparência.

A existência, em simultâneo, de oportunidades e ameaças cria uma natural tensão. E é neste quadro, de tensão entre oportunidades e ameaças, que se está a desenhar o regime de acesso à informação administrativa; e que se desenvolvem, também, as práticas associadas à relação de informação no setor público.

CAPÍTULO 2
O acesso à informação administrativa em Portugal

1 – Enquadramento constitucional e comunitário

A conformação legal do regime de acesso resulta de um conjunto de opções concretas do legislador, tomadas num determinado contexto histórico e jurídico. No plano jurídico é fundamental identificar as regras e princípios inscritos quer na Constituição da República Portuguesa (CRP), quer na legislação comunitária – e garantir que tais regras e princípios são efetivamente respeitados. Vejamos, pois, num primeiro momento, o que dispõe a CRP sobre esta temática. Para depois, e de forma muito sumária, elencar os principais diplomas comunitários aplicáveis.

A CRP reconhece (a todos) o direito à informação: o *"direito de se informar"*, na redação inicial; e o *"direito de informar, de se informar e de ser informado"*, com a Lei Constitucional n.º 1/82 (artigo 37.º, n.º 1).

De modo a garantir este direito à informação, a CRP veio reconhecer aos administrados:

a) Um direito de acesso procedimental
"Os cidadãos têm o direito de ser informados pela Administração, sempre que o requeiram, sobre o andamento dos processos em que sejam diretamente interessados, bem como o de conhecer as resoluções definitivas que sobre eles forem tomadas" (n.º 1 do artigo 268.º);

b) E um direito de acesso aos arquivos e registos administrativos
"Os cidadãos têm também o direito de acesso aos arquivos e registos administrativos, sem prejuízo do disposto na lei em matérias relativas à segurança interna e externa, à investigação criminal e à intimidade das pessoas" (n.º 2 do artigo 268.º).

Cada um destes direitos viria, entretanto, a ser densificado por diplomas autónomos. No primeiro caso, pelo Decreto-Lei n.º 267/85, de 16 de julho, e mais tarde pelo Código do Procedimento Administrativo e pela Lei n.º 83/95, de 31 de agosto. E no segundo, pela Lei n.º 65/93, de 26 de agosto (Lei de Acesso aos Documentos Administrativos).

O direito de acesso aos arquivos e registos administrativos é referenciado na CRP em conjunto com alguns limites ou restrições: *"(...) sem prejuízo do disposto na lei em matérias relativas à segurança interna e externa, à investigação criminal e à intimidade das pessoas"* (n.º 2 do artigo 268.º). Esta opção suscita uma dúvida: significa isso que nenhum outro limite foi desejado pelo legislador? A questão não é pacífica e foi já objeto de apreciação judicial. Concluiu-se que a reserva de lei do n.º 2 do artigo 268.º *"é uma remissão da Constituição para a lei e não uma exceção constitucional a normas constitucionais"* – Acórdão do Tribunal Constitucional n.º 254/99, processo n.º 456/97. O direito de acesso aos arquivos e registos administrativos não é, pois, um direito absoluto; pode ser objeto de restrições sempre que se verifique uma colisão com outros direitos ou bens constitucionalmente protegidos – e mesmo para além das restrições previstas no n.º 2 do artigo 268.º[8].

Também com relevância para o estudo da transparência administrativa, importa aqui destacar um outro artigo, o artigo 35.º da CRP, relativo à proteção dos cidadãos perante o tratamento de dados pessoais. Pode dizer-se que a defesa perante o tratamento de dados pessoais surge consubstanciada na CRP através de três direitos:

[8] De acordo com o artigo 18.º da CRP, as restrições devem limitar-se ao necessário para salvaguardar outros direitos ou interesses constitucionalmente protegidos; e as leis restritivas têm de revestir caráter geral e abstrato e não podem diminuir a extensão e o alcance do conteúdo essencial dos preceitos constitucionais.

a) Direito de acesso das pessoas aos registos informáticos (e manuais) para conhecimento dos seus dados pessoais deles constantes (n.º 1 do artigo 35.º), bem como a retificação e complementação dos mesmos;
b) Direito ao sigilo dos dados pessoais e direito à sua não interconexão (n.º 4 do artigo 35.º)[9];
c) Direito ao não tratamento informático de certo tipo de dados (n.º 3 do artigo 35.º)[10].

No seu conjunto, este feixe de direitos tende a densificar o moderno direito à autodeterminação informacional, *"dando a cada pessoa o direito de controlar a informação disponível a seu respeito, impedindo-se que a pessoa se transforme em «simples objeto de informação»"* (Gomes Canotilho e Vital Moreira, 2014: 551).

A proteção dos cidadãos perante o tratamento de dados pessoais é ainda reforçada através de algumas garantias, expressamente consagradas no artigo 35.º da CRP:

a) A proibição do número nacional único (n.º 5), que dificulta o tratamento informático de dados pessoais e a sua interconexão;
b) A existência de uma entidade administrativa independente, como garante dos cidadãos perante o tratamento de dados pessoais (n.º 2, *in fine*);
c) A necessidade de determinação (pelo legislador) das formas adequadas de proteção de dados pessoais; bem como da disciplina legal dos fluxos de dados transfronteiriços (n.º 6).

[9] A Constituição admite exceções ao sigilo, autorizando o legislador a definir os casos em que poderá haver acesso de terceiros e interconexão de dados (nºs 2 e 4, *in fine*). Essas exceções constituem *"outras tantas restrições ao direito de controlo do registo informático, sendo-lhes, por isso, aplicado o regime das restrições aos direitos, liberdades e garantias (artigo 18.º); pelo que só podem ter lugar quando exigidos pela necessidade de defesa de direitos ou bens constitucionalmente protegidos"* (Gomes Canotilho e Vital Moreira, 2014: 555).

[10] Este direito visa isentar dos perigos do registo informático os dados relacionados com a esfera de convicção pessoal (religião, filosofia), com a esfera de opção política e sindical (filiação política e sindical), com a esfera da vida privada (vida familiar, vida sexual, saúde) e com a origem étnica.

No quadro da União Europeia, a questão do acesso à informação do setor público tem sido colocada e enfrentada em dois campos distintos: por um lado, o campo do acesso à informação dos próprios órgãos comunitários; por outro, o do acesso à informação do sector público nos Estados-Membros. Trata-se de dois planos distintos, mas fortemente interligados: os ordenamentos nacionais contribuíram, significativamente, para as soluções encontradas no âmbito do acesso à informação dos órgãos comunitários; no entanto, essas soluções acabaram por tornar-se modelos, ou exemplos, a seguir para regular a transparência, em geral, das Administrações nacionais (Moreno, 1997: 15).

Ao segundo campo em apreço pertencem diversas iniciativas, dirigidas, no essencial, à harmonização dos ordenamentos jurídicos dos Estados-Membros[11]. E que podem ser reunidas em três grupos, ou tipos:

a) Acesso à informação sobre ambiente
Não foi assumida, no plano comunitário, qualquer iniciativa legislativa dirigida à harmonização geral dos regimes de acesso.
O que existe – e já há algum tempo – é legislação que pretende assegurar a harmonização numa área específica: o acesso à informação ambiental.
Que legislação? A Diretiva 2003/4/CE, do Parlamento Europeu e do Conselho, de 28 de janeiro de 2003, relativa ao acesso do público às informações sobre ambiente e que revoga a Diretiva 90/313/CEE do Conselho[12].
b) Reutilização de informações do setor público
No caso da reutilização optou-se expressamente pela harmonização geral (ou global) de regimes, também através de uma Diretiva:
– Diretiva 2003/98/CE, do Parlamento Europeu e do Conselho, de 17 de novembro de 2003, relativa à reutilização de informações do setor público, alterada pela Diretiva 2013/37/EU, do Parlamento Europeu e do Conselho, de 26 de junho de 2013[13].

[11] Sobre o regime de acesso aos documentos dos órgãos comunitários, veja-se Pratas (2004).
[12] Sobre a transposição desta Diretiva para o ordenamento jurídico nacional, veja-se Pratas (2004).
[13] Sobre a transposição desta Diretiva, veja-se Pratas (2008a: 339 e seguintes).

c) Proteção de dados pessoais
Também aqui a opção foi a da harmonização geral de regimes. Merecem destaque:
– A Diretiva n.º 95/46/CE, do Parlamento Europeu e do Conselho, de 24 de outubro de 1995, relativa à proteção das pessoas singulares no que diz respeito ao tratamento dos dados pessoais e à livre circulação desses dados (transposta em Portugal pela Lei n.º 67/98, de 26 de outubro);
– E o Regulamento (UE) 2016/679, relativo à proteção das pessoas singulares no que diz respeito ao tratamento de dados pessoais e à livre circulação desses dados e que revoga a Diretiva 95/46/CE (Regulamento Geral sobre a Proteção de Dados)[14].

2 – Nota histórica

O princípio do arquivo aberto só teve consagração constitucional através da Revisão Constitucional de 1989, que acrescentou um número 2 ao artigo 268.º, com o seguinte teor: *"Os cidadãos têm também o direito de acesso aos arquivos e registos administrativos, sem prejuízo do disposto na lei em matérias relativas à segurança interna e externa, à investigação criminal e à intimidade das pessoas"*.

A densificação deste direito fundamental do administrado – de natureza análoga aos direitos, liberdades e garantias enunciados na CRP – foi concretizada pela Lei n.º 65/93, de 26 de agosto (1.ª LADA). Esta LADA surge ainda associada a um segundo grande objetivo: o da transposição da Diretiva n.º 90/313/CEE, de 7 de junho, relativa à liberdade de acesso à informação em matéria de ambiente (ver artigo 22.º da Lei n.º 65/93).

Com esses dois objetivos em mente, o legislador português, inspirado em grande medida na experiência de outros países (sobretudo França e EUA), desenvolveu uma solução bastante avançada à época, assente em três pilares essenciais:

[14] Para consultar a lista completa da legislação comunitária e internacional em matéria de proteção de dados pessoais, veja-se *Legislação Comunitária e Internacional* no sítio da *Internet* da CNPD – www.cnpd.pt.

a) Um amplo direito de acesso aos documentos administrativos[15];
b) A criação de uma Comissão (a CADA) com a missão de zelar pelo cumprimento da lei e de promover a transparência administrativa;
c) E a designação de responsáveis pelo acesso, com uma missão complementar à da CADA.

A Lei n.º 65/93 foi, entretanto, alterada, em 1995, pela Lei n.º 8/95, de 29 de março. Para além de se proceder à aprovação do regulamento orgânico da CADA, introduziram-se duas importantes alterações ao regime então vigente:

a) Foi introduzida uma nova restrição ao livre acesso: o segredo de empresa (n.º 1 do artigo 10.º);
b) E o exercício das garantias contenciosas passou a estar dependente de prévia reclamação à CADA (n.º 5 do artigo 15.º).

E sofreria, depois disso, nova alteração, em 1999, através da Lei n.º 94/99, de 16 de julho. As alterações introduzidas podem agrupar-se em três tipos principais:

a) Modificações que visam assegurar uma cabal transposição da Diretiva 90/313/CEE[16];
b) Alterações que visam atualizar e aperfeiçoar as condições de organização e funcionamento da CADA;
c) Alterações que têm por objetivo introduzir algumas melhorias no regime de acesso[17].

[15] Como sintetiza Castro Martins (1998: 15), com a Lei n.º 65/93 *"todos têm, em regra, direito de aceder livremente à informação constante de documentos não nominativos detidos por entidades que exerçam funções administrativas, não necessitando de motivar ou justificar o pedido de acesso ou de explicar para que pretendem a informação, de dizer, sequer, em suma, se é por mera curiosidade ou se é para a usarem como instrumento na invocação, revindicação ou realização de outro direito".*

[16] A Comissão Europeia, em parecer de 6 de julho de 1998, concluiu que a Diretiva n.º 90/313/CEE não tinha sido devidamente transposta para a ordem jurídica interna. Foi este parecer que criou a necessidade de se proceder a nova revisão da LADA.

[17] Integraram este grupo, por exemplo, as seguintes alterações:
– O requerente deixou de estar obrigado a solicitar previamente o parecer da CADA para aceder a documentos nominativos de terceiros;

Posteriormente, já em 2005, foi publicado um novo diploma com relevância para a matéria em estudo: a Lei n.º 12/2005, de 26 de janeiro, que veio estabelecer um regime especial para o acesso a dados de saúde (nºs 2 e 3 do artigo 3.º):

> "2 – *O titular da informação de saúde tem o direito de, querendo, tomar conhecimento de todo o processo clínico que lhe diga respeito, salvo circunstâncias excecionais devidamente justificadas e em que seja inequivocamente demonstrado que isso lhe possa ser prejudicial, ou de o fazer comunicar a quem seja por si indicado.*
> 3 – *O acesso à informação de saúde por parte do seu titular, ou de terceiros com o seu consentimento, é feito através de médico, com habilitação própria, escolhido pelo titular da informação*".

Nos dois anos seguintes – 2006 e 2007 – seriam introduzidas novas alterações ao regime de acesso, através de duas leis: a Lei n.º 19/2006, de 12 de junho, e a Lei n.º 46/2007, de 24 de agosto. Ditadas, nos dois casos, pela necessidade de transposição de diretivas comunitárias: a Diretiva 2003/4/CE, do Parlamento Europeu e do Conselho, de 28 de janeiro, que revogou a Diretiva 90/313/CEE; e a Diretiva 2003/98/CE, de 17 de novembro de 2003, relativa à reutilização de informações do setor público.

A Lei n.º 19/2006 transpôs a Diretiva 2003/4/CEE. O legislador optou por autonomizar o regime de acesso à informação sobre ambiente, que passou a ser fixado por esta nova lei (e não pela LADA). Consequentemente, a Lei n.º 19/2006:

a) Revogou o n.º 2 do artigo 3.º da LADA (sujeitos passivos);
b) E procedeu também à alteração do n.º 1 do artigo 2.º da LADA[18].

– A figura da reclamação à CADA foi substituída pela da queixa e o prazo para a sua interposição foi alargado;
– Conferiu-se à CADA uma nova competência: a de emitir parecer sobre a comunicação de documentos nominativos entre serviços e organismos da Administração.

[18] Para uma análise crítica desta opção de separação dos regimes, veja-se Pratas (2008a: 28).

A Lei n.º 46/2007 não se limitou a alterar a Lei n.º 65/93: revogou-a (ver artigo 40.º). Pode assim falar-se na entrada em vigor, em 2007, de uma 2.ª LADA. Para além de proceder à transposição da Diretiva 2003/98/CE, aproveitou-se ainda o ensejo para introduzir alguns ajustes e melhoramentos ao regime de acesso, propostos no essencial pela própria CADA[19].

Ao contrário da Lei n.º 65/93 (1.ª LADA), que foi objeto de várias alterações, e por várias razões, a Lei n.º 46/2007 (2.ª LADA) manter-se-ia inalterada durante vários anos. No período da sua vigência – cerca de nove anos – foi objeto apenas de um pequeno ajustamento, protagonizado pelo Decreto-Lei n.º 214-G/2015, de 2 de outubro:

a) Fixou-se um prazo para a emissão dos pareceres da CADA referentes a dúvidas colocadas pela Administração;
b) Introduziu-se a figura da queixa para os processos de reutilização;
c) E foi ainda criada a possibilidade de a CADA delegar no seu Presidente poderes para apreciar e decidir *"queixas sobre questões que já tenham sido apreciadas pela CADA de modo uniforme e reiterado"*.

A Lei n.º 46/2007 viria, entretanto, a ser revogada pela Lei n.º 26/2016, de 22 de agosto (3.ª LADA), que se mantém em vigor – e sem quaisquer alterações.

Para terminar este ponto cumpre acrescentar três breves notas sobre o processo legislativo da Lei n.º 26/2016. A primeira é para sublinhar que a iniciativa pertenceu ao Governo, através da Proposta de Lei 18/XIII[20]. Para se conhecerem os objetivos do Governo é importante compulsar a respetiva exposição de motivos:

[19] A Lei n.º 46/2007 corresponde, com pequenas alterações, à proposta de articulado apresentada pela CADA (ver Parecer da CADA n.º 46/2007, disponível em www.cada.pt).
A grande inovação desta nova LADA foi a regulação da reutilização dos documentos administrativos – fruto da transposição da Diretiva 2003/98/CE. No entanto, como referido, foram ainda introduzidas alterações pontuais ao regime do acesso. Para identificação dessas alterações, veja-se Pratas (2008a: 30).

[20] A Proposta de Lei 18/XIII e toda a documentação referente a este processo estão disponíveis no sítio da Assembleia da República: www.parlamento.pt.

a) Pretendia-se *"fundir o regime jurídico de acesso aos documentos administrativos com o regime jurídico de acesso à informação ambiental"*;
b) Proceder à transposição da Diretiva 2013/37/EU, relativa à reutilização de informações do setor público;
c) Assegurar *"uma efetiva mudança de paradigma e de postura política no sentido de levar a informação ao encontro dos cidadãos, através de um compromisso com a divulgação ativa da informação, e não apenas com a disponibilização reativa de dados e documentos"*;
d) *"Operar várias alterações de pormenor e clarificar disposições criticadas pela doutrina e pelas entidades incumbidas de aplicar a LADA"*; e
e) *"Sanar incoerências e dúvidas de constitucionalidade, há muito discutidas, entre a LADA, o regime da Lei de Proteção de Dados e a Lei n.º 12/2005, de 26 de janeiro, na parte relativa ao acesso a informação genética pessoal e informação de saúde"*.

A segunda nota é para referir que a proposta do Governo sofreu várias alterações, introduzidas em sede de debate parlamentar. Foram apresentadas propostas de alteração pelos seguintes grupos parlamentares: BE, PCP, PSD, CDS-PP e PS. Propostas influenciadas – pelo menos em alguns casos – pelos pareceres das entidades convidadas a pronunciar-se sobre a Proposta de Lei n.º 18/XIII.

A terceira nota é para recordar que a lei foi aprovada por maioria, com os votos contra do BE e PCP e a abstenção do PEV[21].

[21] De referir que a Lei 26/2016 (a nova LADA) foi, entretanto, alterada pela Lei n.º 58/2019, de 8 de agosto, que assegura *"a execução, na ordem jurídica nacional, do Regulamento (UE) 2016/679 do Parlamento e do Conselho, de 27 de abril de 2016, relativo à proteção das pessoas singulares no que diz respeito ao tratamento de dados pessoais e á livre circulação desses dados"*.

PARTE II
O ACESSO E A REUTILIZAÇÃO

CAPÍTULO 1
A divulgação ativa da informação

1 – As leis de terceira geração

As leis de acesso de primeira e segunda geração sempre conviveram com algumas medidas de divulgação ativa de informação. Por exemplo, a obrigatoriedade de publicação de atos administrativos e de regulamentos. Todavia, tais medidas não foram (e não são) suficientes para a transformação da natureza da lei – de segunda para terceira geração.

Para se falar de uma lei de terceira geração é preciso muito mais do que isso. É preciso que estejam preenchidos três requisitos mínimos. Em primeiro lugar, deve prever-se a obrigatoriedade de divulgação ativa de um conjunto alargado de documentos administrativos. Que documentos? No mínimo, os principais documentos de gestão: planos de atividades, orçamentos, relatórios de atividades e contas, organograma, orientações estratégicas, balanço social e outros documentos dessa natureza. Documentos que permitam uma leitura global, macro, da atividade desenvolvida e dos principais resultados alcançados.

Considera-se que uma lei que incorpore a obrigação de divulgação ativa dos principais documentos de gestão cumpre já esse primeiro requisito – assegura o mínimo exigível. A divulgação ativa implica uma mudança importante no funcionamento dos serviços e nos procedimentos instituídos. Afigura-se, assim, razoável, e até desejável, a opção de introduzir a divulgação ativa de forma gradual, começando pelos principais instrumentos de gestão (que permitem um controlo macro) e passando depois, em momentos sucessivos, para outras fases[22].

O segundo requisito necessário diz respeito à organização e acessibilidade. As leis de terceira geração incorporam regras sobre as plataformas a utilizar (em princípio, os sítios da *Internet*), sobre a organização da informação, sobre o tempo que a informação deve estar disponível, sobre acessibilidade. Se a informação estiver dispersa em várias plataformas de acesso, se estiver disponível durante um prazo muito curto, se não estiver devidamente organizada e arrumada, o acesso não é ainda suficientemente amigável.

A transição para uma lei de terceira geração requer ainda um outro pressuposto: que existam mecanismos de monitorização e/ou sancionatórios minimamente eficazes, que garantam o efetivo cumprimento da lei. No mínimo, é exigível a monitorização regular da divulgação ativa, do grau de cumprimento da lei por parte dos serviços, e a publicitação dos resultados desse processo de acompanhamento. A divulgação de resultados tem aqui um efeito positivo sobre o comportamento dos serviços, sobretudo no que respeita ao cumprimento da lei.

Conclui-se, assim, que as leis de acesso de terceira geração estabelecem, no mínimo, a obrigatoriedade de disponibilização dos principais instrumentos de gestão, a acessibilidade da informação disponibilizada, bem como a existência de mecanismos de monitorização do cumprimento da lei por parte dos serviços. Ou seja, cumprem cumulativamente três requisitos. Conclui-se igualmente que os requisitos em apreço têm, ou podem ter, vários níveis de aprofundamento, o mesmo acontecendo com as leis de acesso de terceira geração. Há leis que cumprem apenas os mínimos exigidos, enquanto outras vão (ou podem ir) mais longe, ou mesmo muito mais longe.

[22] Que fases? A segunda fase será a da disponibilização de todos os atos administrativos praticados, os regulamentos e os contratos celebrados. Com esta fase, permite-se já um controlo da Administração mais fino, micro, podendo ir-se ao pormenor ou detalhe.
A terceira fase será a da disponibilização dos processos que estão na base da atividade da Administração. Fase já mais avançada e que permitirá ao cidadão uma avaliação plena do trabalho desenvolvido pela Administração.
A quarta e provavelmente última fase será a da desmaterialização dos documentos, passando a estar acessível toda a informação de acesso livre e irrestrito.

2 – A nova LADA e a divulgação ativa

A nova LADA, a Lei n.º 26/2016, integra várias normas sobre divulgação ativa. E enuncia expressamente, logo no artigo 2.º, os princípios gerais sobre a divulgação ativa da informação:

> *"2 – A informação pública relevante para garantir a transparência da atividade administrativa, designadamente a relacionada com o funcionamento e controlo da atividade pública, é divulgada ativamente, de forma periódica e atualizada, pelos respetivos órgãos e entidades.*
> *3 – Na divulgação de informação e na disponibilização de informação para reutilização através da Internet deve assegurar-se a sua compreensibilidade, o acesso livre e universal, bem como a acessibilidade, a interoperabilidade, a qualidade, a integridade e a autenticidade dos dados publicados e ainda a sua identificação e localização".*

Será a nova LADA uma lei de acesso de terceira geração? Cumprirá a Lei n.º 26/2016 os três requisitos referidos? Para responder a estas questões importa verificar, em concreto (para lá dos princípios enunciados):

a) Se existe uma obrigação de divulgação ativa e, em caso afirmativo, quais os documentos a disponibilizar;
b) Se a lei garante um mínimo de organização e acessibilidade da informação disponibilizada;
c) Se a LADA estabelece algum mecanismo sancionatório ou de monitorização do cumprimento da lei por parte dos serviços.

A primeira interrogação merece uma resposta afirmativa. A nova LADA prevê uma obrigação de divulgação ativa, corporizada nos artigos 10.º (divulgação ativa de informação) e 11.º (divulgação ativa de informação relativa ao ambiente). Os órgãos e entidades a quem se aplica a LADA publicitam nos seus sítios na *Internet*, de forma periódica e atualizada, no mínimo semestralmente:

a) A informação cujo conhecimento seja relevante para garantir a transparência da atividade relacionada com o seu funcionamento, pelo menos a seguinte:
   - *"Planos de atividades, orçamentos, relatórios de atividades e contas, balanço social e outros instrumentos de gestão similares;*
   - *Composição dos seus órgãos de direção e fiscalização, organograma ou outro modelo de orgânica interna;*
   - *Todos os documentos, designadamente despachos normativos internos, circulares e orientações, que comportem enquadramento estratégico da atividade administrativa;*
   - *A enunciação de todos os documentos que comportem interpretação generalizadora de direito positivo ou descrição genérica de procedimento administrativo, mencionando designadamente o seu título, matéria, data, origem e local onde podem ser consultados"* [alínea c) do n.º 1 do artigo 10.º];

b) As regras e as condições de reutilização da informação aplicáveis em cada caso [alínea d) do n.º 1 do artigo 10.º][23];

c) Informação relativa ao ambiente
   Pelo menos a seguinte:
   - *"Textos de tratados, convenções ou acordos internacionais e da legislação nacional e europeia sobre ambiente ou com ele relacionada;*
   - *Políticas, planos e programas relativos ao ambiente;*
   - *Relatórios sobre a execução dos instrumentos referidos nas alíneas anteriores;*
   - *Um relatório nacional sobre o estado do ambiente (...);*
   - *Dados ou resumos dos dados resultantes do controlo das atividades que afetam ou podem afetar o ambiente;*
   - *Licenças e autorizações com impacto significativo sobre o ambiente, acordos sobre ambiente ou referência ao local onde tais informações podem ser solicitadas ou obtidas;*

[23] A lei prevê ainda a obrigatoriedade de divulgação de algumas informações úteis, a saber: *"O endereço eletrónico, local e horário para consulta presencial, modelo de requerimento ou outro meio adequado através do qual podem ser remetidos os pedidos de acesso e reutilização da informação e documentos abrangidos pela presente lei"* [alínea b) do n.º 1 do artigo 10.º da LADA].

- *Estudos de impacte ambiental e avaliações de risco relativas a elementos ambientais (...), ou referência ao local onde tais informações podem ser solicitadas ou obtidas"* (n.º 2 do artigo 11.º)[24].

Para além desta informação, que deve ser obrigatoriamente disponibilizada, os órgãos e entidades em apreço podem ainda colocar no respetivo sítio da *Internet*, outros documentos administrativos, desde que devidamente acauteladas as restrições de acesso previstas na lei [alínea a) do n.º 1 do artigo 10.º]. Sobre isso, a LADA é clara: *"A divulgação ativa da informação deve acautelar o respeito pelas restrições de acesso previstas na presente lei, devendo ter lugar a divulgação parcial sempre que seja possível expurgar a informação relativa à matéria reservada"* (n.º 5 do artigo 10.º)[25].

Pode assim dizer-se, sem receios, que a nova LADA cumpre o primeiro requisito identificado, referente às leis de terceira geração. Prevê expressamente a obrigatoriedade de disponibilização dos principais instrumentos de gestão; e vai inclusivamente um pouco mais longe no que respeita à informação sobre ambiente[26].

A Lei n.º 26/2016 integra também várias regras que visam assegurar a organização e acessibilidade da documentação disponibilizada nos sítios da *Internet*. A informação disponibilizada deve ser indexada no sistema de pesquisa *online* de informação pública (n.º 2 do artigo 10.º). Deve ser disponibilizada em formato aberto e em termos que permitam o acesso aos conteúdos de forma não condicionada (n.º 3 do artigo 10.º). E há regras também sobre o período de disponibilização da informação (n.º 4 do artigo 10.º). Pode assim

[24] Em caso de ameaça iminente para a saúde humana ou o ambiente, causada por ação humana ou por fenómenos naturais, devem ser ainda disponibilizadas, imediatamente, *"todas as informações ambientais que permitam às populações em risco tomar medidas para evitar ou reduzir os danos decorrentes dessa ameaça"* (n.º 4 do artigo 11.º).

[25] Esta constitui uma das grandes condicionantes à divulgação ativa da informação. Quer por força do disposto na LADA, quer na própria Lei de Proteção de Dados, não podem ser disponibilizados na *Internet* documentos com dados pessoais. Ora, são poucos os documentos administrativos que não contenham dados pessoais; e muitas vezes os dados pessoais são fundamentais para se perceber e avaliar as decisões da Administração.

[26] A aplicação do artigo 10.º da LADA é facultativa para as freguesias com menos de 10 000 eleitores, com exceção da obrigatoriedade de divulgação da informação referida na alínea c) do n.º 1 (n.º 6 do artigo 10.º da LADA).

dizer-se que a nova LADA garante, também, um mínimo de organização e acessibilidade da informação – o segundo requisito referido.

Resta, pois, verificar o cumprimento do terceiro requisito, aquele que se refere à existência de mecanismos de monitorização e/ou sancionatórios. Compulsada a LADA, verifica-se que não estão previstas quaisquer sanções específicas para o incumprimento das regras sobre divulgação ativa. A lei também não estabelece nenhum mecanismo especial de monitorização, como acontece, por exemplo, com a reutilização[27]. Há, no entanto, uma competência da CADA, genérica, que dá resposta à necessidade ou requisito mencionado: nos termos da alínea g) do n.º 1 do artigo 30.º da LADA, compete à CADA elaborar um relatório anual sobre a aplicação da LADA (incluindo-se aí o capítulo da divulgação ativa) e sobre a sua atividade.

Não obstante, e apesar de no plano formal estar cumprido o terceiro requisito, a verdade é que a prática é outra. Os relatórios anuais da CADA limitam-se a referir a sua atividade, pouco acrescentando sobre a aplicação da lei, ou sobre a avaliação dessa aplicação. E dificilmente poderia ser de outra forma. Não é fácil, num período tão curto, garantir uma avaliação minimamente fundamentada sobre a efetividade, eficácia ou o impacto da lei. Justificava-se também aqui a obrigatoriedade de elaboração de um relatório específico sobre o cumprimento das regras, por exemplo de três em três anos, como acontece com a reutilização. Relatório que apresentasse recomendações e que fosse depois publicitado.

Face ao exposto, pode agora concluir-se que a nova LADA é já uma lei de acesso de terceira geração – cumpre todos os requisitos indicados. Esta foi uma das principais alterações introduzidas pelo legislador e também uma das mais positivas. Apesar disso, os requisitos referidos são cumpridos pelos mínimos. Ou seja, há ainda um longo caminho a percorrer.

[27] Compete à CADA *"elaborar um relatório, de três em três anos, sobre a disponibilidade de informação do setor público para reutilização e sobre as condições da sua disponibilização (...), bem como sobre as práticas no que diz respeito a vias de recurso (...)"* [alínea h) do n.º 1 do artigo 30.º da LADA].

CAPÍTULO 2
O acesso por particulares

1 – A extensão do direito de acesso

1.1 – Sujeitos ativos

A LADA estabelece e densifica um amplo direito de acesso aos documentos administrativos. A partir da entrada em vigor da primeira LADA, em 1993, os particulares passaram a ter um direito de acesso universal aos documentos administrativos e a poder utilizar um conjunto de garantias, administrativas e contenciosas, para fazer cumprir esse direito.

Este direito de acesso aos arquivos e registos administrativos surge associado a três funções fundamentais: funciona como instrumento de controlo sobre a atividade administrativa, contribuindo para desenvolver um clima de segurança e para que os cidadãos possam exercer o seu direito de crítica e de contestação; surge como condição imprescindível da participação (consulta e participação ativa); e reforça consideravelmente as possibilidades de defesa dos particulares face à atuação administrativa (Pratas, 2013: 69).

Para determinar a extensão deste importante direito, importa responder a quatro questões fundamentais. Primeira: quem são os sujeitos ativos do direito de acesso? Quem pode reivindicar o direito? Segunda: quem são os sujeitos passivos do direito de acesso? Quem está obrigado a disponibilizar a informação, nos termos da lei? Terceira: qual é o objeto do direito? Os sujeitos ativos têm direito a quê? Quarta: até onde vai o direito? Quais as restrições de acesso previstas na lei?

O artigo 5.º (n.º 1) da LADA adianta uma resposta relativamente à primeira questão referida: *"Todos, sem necessidade de enunciar qualquer interesse, têm direito de acesso aos documentos administrativos (...)"*. Na Constituição atribui-se o direito de acesso aos *"cidadãos"* (artigo 268.º, n.º 2). A LADA vai mais longe, com a utilização do vocábulo *"todos"* – e acrescentando *"sem necessidade de enunciar qualquer interesse"*. São, pois, sujeitos ativos do direito de acesso não apenas os cidadãos (pessoas singulares), mas também as pessoas coletivas privadas (associações, fundações, cooperativas, sociedades comerciais, etc.). Mais: são sujeitos ativos quer os cidadãos nacionais, quer os estrangeiros (Pratas, 2008a: 170).

E as pessoas coletivas públicas? Serão, também elas, sujeitos ativos do direito de acesso previsto no artigo 5.º da LADA? Resposta: em princípio, não. Em primeiro lugar, porque o direito de acesso surge associado a determinadas funções, já enunciadas. É o caso da fiscalização da atividade administrativa pelos particulares – diretamente. É verdade que há órgãos públicos que têm também competência para acompanhar a atividade de outros órgãos. No entanto, como sublinha Renato Gonçalves (2002: 18-19), *"as informações transmitidas, por exemplo, no âmbito das relações de tutela, de superintendência ou de hierarquia, características do Direito Administrativo, não são reguladas pela LADA, mas sim pelos regimes específicos dessas relações"*. Por outro lado, só assim se entende a distinção que o legislador estabelece entre as alíneas c) e d) do n.º 1 do artigo 30.º da LADA[28]. Se as pessoas coletivas públicas fossem sujeitos ativos do direito de acesso, bastaria a referência à alínea c) do n.º 1 do artigo 30.º.

[28] *"Artigo 30.º*
Competência
1 – *Compete à CADA:*
(...)
c) *Emitir parecer sobre o acesso aos documentos administrativos, nos termos da alínea e) do n.º 1 do artigo 15.º;*
d) *Emitir parecer sobre a comunicação de documentos entre serviços e organismos da Administração Pública, a pedido da entidade requerida ou da interessada, a não ser que se anteveja risco de interconexão de dados, caso em que a questão é submetida à apreciação da Comissão Nacional de Proteção de Dados;*
(...)".

No quadro das relações intersubjetivas (entre órgãos de pessoas coletivas distintas) e no quadro das relações interorgânicas (entre órgãos da mesma pessoa coletiva pública) vigoram outros princípios e regras, distintos dos que figuram na LADA:

a) Cumpre verificar, em primeiro lugar, se a lei regula essas relações, determinando o regime aplicável ao acesso à informação. Caso assim seja, o acesso é regulado nos termos fixados pela lei. É o que acontece, por exemplo, com o exercício do direito de acesso à documentação dos órgãos executivos das autarquias (câmaras municipais e juntas de freguesia) pelos eleitos nos órgãos deliberativos (assembleias municipais e assembleias de freguesia)[29].
b) Nas situações em que não exista norma que regule especificamente a relação de informação, aplicar-se-á então o princípio da competência, com respeito por algumas condições.
   Ou seja, deve ser disponibilizada toda a informação necessária ao exercício das competências do órgão requerente, sempre com respeito pelas seguintes condições:
   - A informação pretendida ter conexão direta com a competência em causa;
   - Ser imprescindível à concretização dessa competência; expurgando-se informação relativa a matéria não relevante;

[29] E o mesmo acontece com a comunicação de dados pessoais entre entidades públicas (ver artigo 23.º da Lei n.º 58/2019, de 8 de agosto):
"Artigo 23.º
1 – *O tratamento de dados pessoais [onde se inclui o acesso] por entidades públicas para finalidades diferentes das determinadas pela recolha tem natureza excecional e deve ser devidamente fundamentado com vista a assegurar a prossecução do interesse público que de outra forma não possa ser acautelado, nos termos da alínea e) do n.º 1, do n.º 4 do artigo 6.º e da alínea g) do n.º 2 do artigo 9.º do RGPD.*
2 – *A transmissão de dados pessoais entre entidades públicas para finalidades diferentes das determinadas pela recolha tem natureza excecional, deve ser devidamente fundamentada nos termos referidos no número anterior e deve ser objeto de protocolo que estabeleça as responsabilidades de cada entidade interveniente, quer no ato de transmissão, quer em outros tratamentos a efetuar".*

- A medida do acesso não ocasionar invasão desnecessária ou desproporcionada da reserva da intimidade da vida privada dos titulares da informação (Parecer da CADA n.º 464/2016)[30].

Não obstante o exposto, e o princípio enunciado, tem vindo a entender-se que *"o campo de aplicação dos direitos fundamentais se poderá alargar a pessoas coletivas públicas, quando se trate de defender os direitos e a autonomia das pessoas coletivas públicas infraestaduais perante o Estado propriamente dito (pense-se, por exemplo, no direito de um município, de uma região autónoma ou de uma Universidade face ao Estado)"* (Gomes Canotilho e Vital Moreira, 1993: 123). Nessas circunstâncias, admite-se (excecionalmente) não só o exercício do direito de acesso por pessoas coletivas públicas, como também o recurso às garantias previstas na lei.

1.2 – Sujeitos passivos

Os sujeitos passivos do direito de acesso são os que surgem elencados no artigo 4.º da LADA[31]. Para melhor compreender o alcance deste artigo da LADA é

[30] Em caso de dúvida, é sempre possível solicitar parecer à CADA. O parecer em apreço pode ser solicitado quer pela entidade requerida, quer pela interessada [alínea d) do n.º 1 do artigo 30.º da LADA].

[31] *"Artigo 4.º*
Âmbito de aplicação subjetivo
1 — *A presente lei aplica-se aos seguintes órgãos e entidades:*
a) *Órgãos de soberania e os órgãos do Estado e das regiões autónomas que integrem a Administração Pública;*
b) *Demais órgãos do Estado e das regiões autónomas, na medida em que exerçam funções materialmente administrativas;*
c) *Órgãos dos institutos públicos, das entidades administrativas independentes e das associações e fundações públicas;*
d) *Órgãos das empresas públicas;*
e) *Órgãos das autarquias locais, das entidades intermunicipais e de quaisquer outras associações e federações públicas locais;*
f) *Órgãos das empresas regionais, municipais, intermunicipais ou metropolitanas, bem como de quaisquer outras empresas locais ou serviços municipalizados públicos;*
g) *Associações ou fundações de direito privado nas quais os órgãos e entidades previstas no presente número exerçam poderes de controlo de gestão ou designem, direta ou indiretamente, a maioria dos titulares do órgão de administração, de direção ou de fiscalização;*
h) *Outras entidades responsáveis pela gestão de arquivos com caráter público;*

muito importante conhecer os antecedentes, o enquadramento histórico, bem como recordar as atuais ameaças à Administração aberta, já referenciadas.

A LADA de 1993 (Lei n.º 65/93, de 26 de agosto) era relativamente contida nesta matéria: eram sujeitos passivos apenas os *"órgãos do Estado e das Regiões Autónomas que [exercessem] funções administrativas, órgãos dos institutos públicos e das associações públicas e órgãos das autarquias locais, suas associações e federações e outras entidades no exercício de poderes de autoridade, nos termos da lei"* (artigo 3.º).

Com a LADA de 2007 (Lei n.º 46/2007, de 24 de agosto) assiste-se a uma importante alteração neste âmbito. Procedeu-se a uma significativa expansão do âmbito subjetivo da lei e, consequentemente, do quadro de sujeitos passivos do direito de acesso[32]. E também a uma alteração do critério legal: a LADA deixa de estar associada à Administração Pública em sentido orgânico (como estava) e passa a aplicar-se à administração pública em sentido material, à atividade administrativa, independentemente do órgão ou entidade que a

i) *Outras entidades no exercício de funções materialmente administrativas ou de poderes públicos, nomeadamente as que são titulares de concessões ou de delegações de serviços públicos.*
2 – *As disposições da presente lei são ainda aplicáveis aos documentos detidos ou elaborados por quaisquer entidades dotadas de personalidade jurídica que tenham sido criadas para satisfazer de um modo específico necessidades de interesse geral, sem caráter industrial ou comercial, e em relação às quais se verifique uma das seguintes circunstâncias:*
a) *A respetiva atividade seja maioritariamente financiada por alguma das entidades referidas no número anterior ou no presente número;*
b) *A respetiva gestão esteja sujeita a um controlo por parte de alguma das entidades referidas no número anterior ou no presente número;*
c) *Os respetivos órgãos de administração, de direção ou de fiscalização sejam compostos, em mais de metade, por membros designados por alguma das entidades referidas no número anterior ou no presente número.*
3 – *Ainda que já não integrem o seu âmbito de aplicação subjetivo, a presente lei aplica -se ainda às entidades que preencheram os requisitos referidos nos números anteriores em momento anterior, relativamente aos documentos correspondentes a esse período.*
4 – *As disposições relativas ao acesso a informação ambiental aplicam -se ainda a:*
a) *Qualquer pessoa singular ou coletiva, de natureza pública ou privada, que pertença à administração indireta dos órgãos ou entidades referidas nos números anteriores e que tenha atribuições ou competências, exerça funções administrativas públicas ou preste serviços públicos relacionados com o ambiente, nomeadamente entidades públicas empresariais, empresas participadas e empresas concessionárias;*
b) *Qualquer pessoa singular ou coletiva que detenha ou materialmente mantenha informação ambiental em nome ou por conta de qualquer dos órgãos ou entidades referidas nos números anteriores".*

32 Para um maior desenvolvimento sobre as alterações introduzidas e sua justificação, veja-se Pratas (2008a: 150 e seguintes).

exerça (Pratas, 2008a: 150 e seguintes). Os documentos referentes ao exercício da atividade administrativa passam a ser disponibilizados, nos termos da LADA, independentemente do órgão ou entidade que os detenha – seja uma entidade do setor público, privado ou social.

Esta foi a forma que o legislador encontrou para reagir à fragmentação da Administração Pública e à privatização quer das formas organizativas da Administração, quer da gestão ou exploração de tarefas administrativas – e consequente fuga à transparência. Caminho trilhado pelo legislador português também noutros planos, como é o caso da definição das áreas de intervenção do Tribunal de Contas ou do Provedor de Justiça.

A nova LADA mantém a opção e procura aprofundar esse caminho, acrescentando duas novas alíneas ao n.º 1 do artigo 4.º. Estão também sujeitas ao regime definido na LADA quer as *"associações ou fundações de direito privado nas quais os órgãos e entidades previstas no* [n.º 1 do artigo 4.º da LADA] *exerçam poderes de controlo de gestão ou designem, direta ou indiretamente, a maioria dos titulares do órgão de administração, de direção ou de fiscalização"* [alínea g) do n.º 1 do artigo 4.º]; quer *"outras entidades responsáveis pela gestão de arquivos com caráter público"* [alínea h) do n.º 1 do artigo 4.º]. Esta alteração suscita, no entanto, algumas dúvidas. Não se entende o seu alcance. Será que essas alíneas introduzem algo de novo? Até que ponto as alíneas g) e h) do n.º 1 do artigo 4.º acrescentam efetivamente algo de novo em relação ao já estabelecido quer na alínea i) do n.º 1, quer no n.º 2 do artigo 4.º?

Há ainda duas outras questões a merecer maior desenvolvimento. A primeira diz respeito à aplicação da LADA às pessoas coletivas privadas. Prevê-se que a LADA seja aplicável a pessoas coletivas privadas que tenham sido criadas para satisfazer necessidades de interesse geral e em que, por exemplo, a sua atividade seja maioritariamente financiada por alguma entidade pública, ou a respetiva gestão esteja sujeita a um controlo por parte do Estado (n.º 2 do artigo 4.º da LADA). É o que acontece, designadamente, com as Instituições Particulares de Solidariedade Social. É verdade que essas entidades desempenham uma atividade administrativa, com dinheiros públicos – e, na medida em que o fazem, nada obsta a que estejam sujeitas à LADA. No entanto, tais pessoas coletivas privadas – por norma entidades da Economia Social – desenvolvem outras atividades, por sua iniciativa, e que não estão ao abrigo de quaisquer contratos-programa ou acordos de colaboração com o Estado.

Essa atividade, meramente de gestão privada, não devia estar sujeita ao regime de acesso previsto na LADA. Nada o justifica.

Neste âmbito, merece atenção a solução preconizada na Lei de Organização e Processo do Tribunal de Contas[33]:

> *"Estão ainda sujeitas à jurisdição e ao controlo financeiro do Tribunal de Contas as entidades de qualquer natureza que tenham participação de capitais públicos ou sejam beneficiárias, a qualquer título, de dinheiros ou outros valores públicos, na medida necessária à fiscalização da legalidade, regularidade e correção económica e financeira da aplicação dos mesmos dinheiros e valores públicos"* (n.º 3 do artigo 2.º).

É uma solução mais equilibrada. O legislador não pode, sem mais, estender a aplicação da lei a toda a atividade das pessoas coletivas privadas, tal como o faz para as pessoas coletivas que integram a Administração Pública. No caso das primeiras, o critério deve manifestamente ser outro: o da possibilidade de controlo da atividade administrativa, do exercício de funções materialmente administrativas ou de poderes públicos – ou ainda a fiscalização da aplicação de dinheiros e valores públicos. Critério que o legislador adotou na alínea i) do n.º 1 do artigo 4.º, mas não no n.º 2 do artigo 4.º[34]. Aspeto que deve ser corrigido em futura alteração da LADA.

Importa abordar ainda uma última questão. A da aplicação da LADA aos órgãos de soberania que não integrem a Administração Pública[35]. A LADA de 2007 era muito clara:

> *"1 – A presente lei aplica-se aos seguintes órgãos e entidades:*
>
> *a) Órgãos do Estado e das Regiões Autónomas, que integrem a Administração Pública;*

[33] Lei n.º 98/97, de 26 de agosto, com as alterações introduzidas pela Lei n.º 87-B/98, de 31 de dezembro, Lei n.º 1/2001, de 4 de janeiro, Lei n.º 55-B/2004, de 30 de dezembro, Lei n.º 48/2006, de 29 de agosto, que a republicou, Lei n.º 35/2007, de 13 de agosto, Lei n.º 3-B/2010, de 28 de abril, Lei n.º 61/2011, de 7 de dezembro, Lei n.º 2/2012, de 6 de janeiro, e Lei n.º 20/2015, de 9 de março, que a republicou.

[34] E o mesmo acontece relativamente às referidas alíneas g) e h) do n.º 1 do artigo 4.º da LADA.

[35] São órgãos de soberania o Presidente da República, a Assembleia da República, o Governo e os Tribunais (artigo 110.º da Constituição da República Portuguesa).

b) Demais órgãos do Estado e das Regiões Autónomas, na medida em que desenvolvam funções materialmente administrativas (...)".

A LADA era aplicável ao Presidente da República, Assembleia da República e Tribunais, mas apenas no que respeita ao exercício de funções materialmente administrativas. Por exemplo, processamento de vencimentos dos respetivos trabalhadores.

A nova LADA não é tão clara. Fala-se agora expressamente em órgãos de soberania:

"1 – A presente lei aplica-se aos seguintes órgãos e entidades:

a) Órgãos de soberania e os órgãos do Estado e das Regiões Autónomas que integrem a Administração Pública;

b) Demais órgãos do Estado e das Regiões Autónomas, na medida em que exerçam funções materialmente administrativas (...)".

Quer isso dizer que a LADA se aplica agora a todos os órgãos de soberania e à respetiva atividade? Quer dizer que a LADA passou a aplicar-se aos documentos produzidos no quadro das várias funções do Estado e não apenas no da função administrativa? A interrogação justifica-se. Mas não parece ter sido esse o objetivo do legislador e por duas razões fundamentais:

a) Em primeiro lugar, porque o direito de acesso incide – continua a incidir – sobre documentos administrativos (n.º 1 do artigo 5.º da LADA). Se o legislador tivesse querido abranger também os documentos relativos ao exercício da função legislativa ou jurisdicional, não teria mantido esta formulação. Nem a exceção prevista nas alíneas b) e c) do n.º 2 do artigo 3.º.

b) Em segundo lugar, porque o acesso à informação legislativa e jurisdicional obedece a regras próprias (e a uma lógica própria), estabelecidas em atos normativos autónomos e que não foram alterados ou revogados.

Concluiu-se, pois, que a LADA se aplica aos órgãos de soberania que não integrem a Administração Pública, mas apenas na medida em que exerçam funções materialmente administrativas. Ou seja, não há nenhuma alteração substancial ao regime anteriormente em vigor. Mais: a expressão órgãos de soberania – acrescentada pelo legislador – não só não clarifica, como até complica. Nada a justifica, devendo, pois, ser eliminada em futura revisão da lei.

1.3 – O objeto (ou conteúdo) do direito

O objeto do direito de acesso surge referido expressamente no artigo 5.º da LADA: *"Todos, sem necessidade de enunciar qualquer interesse, têm direito de acesso aos documentos administrativos (...)"* (n.º 1 do artigo 5.º). O objeto do direito de acesso são, pois, os documentos administrativos. E o que são documentos administrativos? O que os distingue de outro tipo de documentos?

Ora, os documentos administrativos são, antes de mais, documentos. Ou seja: *"qualquer objeto elaborado pelo homem com o fim de reproduzir ou representar uma pessoa, coisa ou facto"* (artigo 362.º do Código Civil). Essencial à noção de documento é, pois, a função representativa ou reconstitutiva do objeto. Uma pedra, um ramo de árvore ou quaisquer outros objetos naturais, não trabalhadas pelo homem, não são documentos.

O documento administrativo é, pois, um documento. Mas nem todos os documentos são documentos administrativos. O que é que distingue os documentos administrativos dos restantes? O legislador assume uma definição legal, que importa analisar: para efeitos da LADA, considera-se documento administrativo *"qualquer conteúdo, ou parte desse conteúdo, que esteja na posse ou seja detido em nome dos órgãos e entidades referidas no artigo seguinte [artigo 4.º da LADA], seja o suporte de informação sob forma escrita, visual, sonora, eletrónica ou outra forma material, neles se incluindo, designadamente, aqueles relativos a:*

i) Procedimentos de emissão de atos e regulamentos administrativos;
ii) Procedimentos de contratação pública, incluindo os contratos celebrados;
iii) Gestão orçamental e financeira dos órgãos e entidades;
iv) Gestão de recursos humanos, nomeadamente os dos procedimentos de recrutamento, avaliação, exercício do poder disciplinar e quaisquer modificações das respetivas relações jurídicas" [alínea a) do n.º 1 do artigo 3.º da LADA].

Vejamos, pois, com algum detalhe esta definição. Diz-nos o legislador que documento administrativo é *"qualquer conteúdo, ou parte desse conteúdo (...) seja o suporte de informação sob forma escrita, visual, sonora, eletrónica ou outra forma material"*. O que significa uma evidente confusão entre informação e documento. Documento é, em rigor, o suporte de informação e não a informação ou conteúdo. A LADA de 2007 não fazia esta confusão: era documento administrativo *"qualquer suporte de informação sob forma escrita, visual, sonora, eletrónica ou outra forma material (...)"* [alínea a) do n.º 1 do artigo 3.º]. Importa, pois, distinguir claramente (na lei) documento administrativo e informação administrativa. Documento administrativo é qualquer suporte de informação; e informação administrativa qualquer conteúdo ou parte desse conteúdo.

A lei acrescenta – e este é que é o fator distintivo – que documento administrativo é aquele que esteja na posse ou seja detido em nome dos órgãos e entidades referidos no artigo 4.º da LADA. Critério distintivo que encerra problemas. Desde logo, o de se poder considerar que todos os documentos na posse dos referidos órgãos são documentos administrativos. Isso não é verdade. Por exemplo, o titular de uma concessão de serviços públicos possui em sua posse documentos administrativos – os que dizem respeito à concessão – e documentos que não são administrativos – referentes a outras áreas da sua atuação. O que distingue verdadeiramente o documento administrativo dos restantes é ter sido recolhido ou produzido no exercício de uma atividade administrativa. E não (apenas) o órgão ou entidade que o detém[36].

Documento administrativo é, pois, e em síntese, qualquer suporte de informação, sob forma escrita, visual, sonora, eletrónica ou outra forma material, produzido ou recolhido no exercício de uma atividade administrativa.

[36] Outro exemplo claro, e que ilustra o que fica dito, é o que se refere à participação de determinadas instâncias administrativas na elaboração de atos legislativos. São chamados a elaborar estudos, a participar em grupos de trabalho, a emitir pareceres sobre determinado projeto de diploma. Ora, a CADA tem entendido, e bem, que tais documentos, produzidos no quadro de processos legislativos, não são documentos administrativos (ver por exemplo os Pareceres n.ºs 196/2003 e 85/2005).
Já os documentos elaborados diretamente no exercício da função administrativa, mas que, posteriormente, são aproveitados e integrados no âmbito de processos legislativos, continuam a ser documentos administrativos, sujeitos ao regime de acesso traçado na LADA (ver Pareceres da CADA nºs 121/2004 e 264/2006).

Só assim se compreende cabalmente o disposto nas alíneas b) e c) do n.º 2 do artigo 3.º da LADA.

A lei exclui expressamente da noção de documento administrativo alguns suportes, que identifica: *"Não se consideram documentos administrativos, para efeitos da presente lei (...), as notas pessoais, esboços, apontamentos, comunicações eletrónicas pessoais e outros registos de natureza semelhante (...)"* [alínea a) do n.º 2 do artigo 3.º da LADA]. Como sublinha Raquel Carvalho (2000: 27), esta fronteira negativa do conceito tem por fundamento *"a tutela da privacidade de quem elabora o documento"*[37].

Tais documentos não são documentos administrativos e não estão, assim, sujeitos ao regime de acesso traçado pela LADA. Isso não quer dizer que tais suportes sejam totalmente inacessíveis – e para sempre. Podem ser consultados pelo próprio – veja-se, por exemplo, o caso das notas pessoais dos médicos. Mais: se integrarem o acervo de documentação conservada em arquivos públicos, acabarão por tornar-se acessíveis, mesmo a terceiros, nos termos previstos no n.º 4 do artigo 73.º da Lei n.º 107/2001, de 8 de setembro:

> *"As restrições legais da comunicabilidade de documentação integral do património cultural caducam decorridos 100 anos sobre a data de produção do documento, a menos que a lei estabeleça prazos especiais mais reduzidos"*[38].

1.4 – Princípio geral e restrições

Para se determinar, com rigor, a extensão do direito em análise importa ter presente que coexistem (nem sempre de forma pacífica) um regime geral de

[37] Por exemplo, as notas que um jurista guarda sobre a elaboração de um parecer não são, em princípio, documentos administrativos. Mas o ficheiro eletrónico que contém o seu parecer – ainda que não assinado – é já um documento administrativo.
Outro exemplo: a CADA entende que a agenda de um Presidente de Câmara, quando detida pela Administração, não é um documento administrativo por ter natureza semelhante às notas pessoais ou apontamentos (Parecer n.º 175/2003).

[38] Salvo melhor opinião, não é aplicável ao caso o prazo especial previsto no artigo 17.º do Decreto-Lei n.º 16/93, de 23 de janeiro, na versão resultante da Lei n.º 26/2016, de 22 de agosto, porquanto tais documentos não são documentos nominativos. É que, de acordo com a alínea b) do n.º 1 do artigo 3.º da LADA, é documento nominativo *"o documento administrativo que contenha dados pessoais (...)"*. E os documentos em referência não são documentos administrativos.

acesso, previsto na LADA, e regimes especiais, consagrados em vários atos normativos dispersos. Ou seja, a LADA estabelece o regime geral, aplicável à generalidade dos documentos administrativos. Mas existem documentos cujo regime de acesso obedece a legislação específica. É o que se afirma expressamente no n.º 4 do artigo 1.º da LADA.

Perante um concreto pedido de acesso, importa colocar e responder a um conjunto de questões, sequencialmente. Para já, conseguem identificar-se as duas primeiras questões:

1.ª Questão: o documento requerido é um documento administrativo?
2.ª Questão: o acesso ao documento requerido obedece a legislação específica?

Se o documento requerido for efetivamente um documento administrativo, cumpre averiguar se o acesso ao mesmo obedece, ou não, a um regime especial, diferente do estabelecido pela LADA. Nessa pesquisa pode utilizar-se a enumeração exemplificativa prevista no n.º 4 do artigo 1.º da LADA, embora com as devidas cautelas[39]. Caso se conclua que o documento requerido está sujeito a um regime especial, aplicar-se-ão então as regras traçadas pela legislação específica. Caso contrário, o caminho a percorrer para a resolução do caso será outro: a disponibilização do documento deve ter em consideração o regime geral, traçado pela LADA – e cuja lógica e regras serão apresentadas de seguida[40].

O regime geral previsto na LADA assenta em dois pilares fundamentais, em relação: o princípio geral consagrado no artigo 5.º da LADA e as restrições

[39] É que o legislador confunde neste n.º 4 do artigo 1.º documentos que obedecem a um regime especial – por exemplo, documentos notariais e registrais, documentos de identificação civil e criminal, informação e documentos constantes do recenseamento eleitoral [alínea c)] – e restrições de acesso aplicáveis a todos os documentos administrativos – é o caso das restrições relativas *"à segurança interna e externa e à investigação criminal"* [alínea b)].
E estão em causa duas realidades bem distintas, como melhor se verá de seguida.

[40] Sublinhar que o acesso à informação ambiental, embora obedecendo a um regime especial, surge regulado na LADA (ver artigos 17.º e 18.º da LADA). Quer isto dizer que a LADA define o regime geral de acesso à informação administrativa; bem como o regime especial de acesso à informação ambiental (neste sentido, ver o n.º 1 do artigo 1.º da LADA).
Entende-se aqui por informação ambiental *"quaisquer informações de natureza administrativa, sob forma escrita, visual, sonora, eletrónica ou outra forma material"*, relativas às matérias referidas expressamente na alínea e) do n.º 1 do artigo 3.º da LADA.

de acesso consagradas (no essencial) no artigo 6.º. E a lógica é muito simples: caso o documento não esteja sujeito a nenhuma restrição, aplicar-se-á ao pedido de acesso o princípio geral. Que princípio geral? O de que *"todos, sem necessidade de enunciar qualquer interesse, têm direito de acesso aos documentos administrativos"* (artigo 5.º da LADA). E se o documento estiver sujeito a uma restrição de acesso? Nesse caso, aplicar-se-á o regime dessa restrição (ou exceção).

Assim, para se delimitar o regime geral de acesso aos documentos administrativos, importa analisar com o devido detalhe quer o princípio geral do artigo 5.º, já referido, quer (uma a uma) as restrições de acesso. Será esse o objetivo central do presente ponto.

Sobre o princípio geral já muito foi dito. Foram identificados os sujeitos ativos do direito de acesso. Os sujeitos passivos. E o objeto do direito. Falta apenas acrescentar alguma coisa sobre o sentido e alcance da expressão *"sem necessidade de enunciar qualquer interesse"* (artigo 5.º da LADA). De acordo com a alínea c) do n.º 1 do artigo 102.º do Código do Procedimento Administrativo (CPA), o requerimento inicial dos interessados deve conter a *"exposição dos factos em que se baseia o pedido e, quando tal seja possível ao requerente, os respetivos fundamentos de direito"*. Ou seja, o requerente deve fundamentar o seu pedido. Ora, no caso dos pedidos de acesso a documentos administrativos, em regra, tal fundamentação está dispensada; foi dispensada pelo legislador, em face da expressão citada, inserida no artigo 5.º da LADA.

E percebe-se a razão dessa opção. Se o objetivo central da lei de acesso é assegurar um controlo da atividade administrativa (pelos cidadãos), não há necessidade de explicar ou fundamentar o pedido – a justificação está implícita. E por esta via, assumida expressamente pelo legislador, simplifica-se a vida ao cidadão, que não tem que explicar a razão do seu pedido. Parece uma opção pacífica. Mas não é. É que por vezes o requerente utiliza o pedido de acesso para outras finalidades, ilegítimas, sendo muito difícil à Administração concluir pela existência de um pedido *"manifestamente abusivo"* (n.º 3 do artigo 15.º da LADA)[41]. E esta dificuldade descredibiliza a política pública de

[41] De acordo com o n.º 3 do artigo 15.º da LADA, as *"entidades não estão obrigadas a satisfazer pedidos que, face ao seu carácter repetitivo e sistemático ou ao número de documentos requeridos, sejam manifestamente abusivos, sem prejuízo de queixa do requerente"*.

transparência administrativa. E cria muitas resistências à sua implementação nos serviços públicos[42].

As restrições ao direito de acesso estão previstas no artigo 6.º da LADA. Importa analisá-las, uma a uma, e é o que se fará de seguida. Impõe-se, no entanto, um alerta. É que a enumeração de restrições prevista no artigo 6.º não é exaustiva – poderão existir outras. O direito de acesso aos arquivos e registos administrativos, direito fundamental do administrado (de natureza análoga aos direitos, liberdades e garantias enunciados na Constituição), não é um direito absoluto e, assim, quando se encontra em colisão com outros direitos, ou bens constitucionalmente protegidos, não está impedida a sua restrição (mesmo para além dos limites referidos no artigo 6.º da LADA)[43].

A primeira restrição prevista no artigo 6.º visa a proteção de *"interesses fundamentais do Estado"*: *"Os documentos que contenham informações cujo conhecimento seja avaliado como podendo pôr em risco interesses fundamentais do Estado ficam sujeitos a interdição de acesso ou a acesso sob autorização, durante o tempo estritamente necessário, através de classificação operada através do regime do segredo de Estado ou por outros regimes legais relativos à informação classificada"* (n.º 1). E o que são interesses fundamentais do Estado? Consideram-se interesses fundamentais do Estado os relativos à independência nacional, à unidade e à integridade do Estado ou à sua segurança interna ou externa, à preservação das instituições constitucionais, bem como os recursos afetos à defesa e à diplomacia, à salvaguarda da população em território nacional, à preservação e segurança dos recursos

[42] É verdade que esta possibilidade de abuso está, de alguma forma, diminuída com o conceito de documento nominativo, introduzido pela nova LADA. As utilizações abusivas surgem muitas vezes associadas ao acesso a dados pessoais ou dados nominativos; e estes são agora de acesso restrito.
Não obstante, e como melhor se verá de seguida, essa restrição (com a atual configuração) viola o artigo 268.º, n.º 2, da Constituição. Propugna-se, pois, a alteração do atual conceito de documento nominativo – voltando à definição da LADA de 2007. Se isso vier a acontecer, como seria desejável, a questão dos pedidos abusivos voltará novamente a colocar-se e com outra acuidade.
Se assim for, advoga-se igualmente que os pedidos de acesso a dados pessoais (não nominativos) passem a ser fundamentados – sempre e em todos os casos. Só devendo ser disponibilizados quando forem, efetivamente, imprescindíveis ao controlo da atividade administrativa. Só assim se garante uma resposta eficaz ao abuso e a proteção (mínima) desse tipo de dados.

[43] Neste sentido, veja-se o Acórdão n.º 254/99 do Tribunal Constitucional (Processo n.º 456/97).

económicos e energéticos estratégicos e à preservação do potencial científico nacional (n.º 2 do artigo 2.º da Lei Orgânica n.º 2/2014, de 6 de agosto, com as alterações introduzidas pela Lei Orgânica n.º 1/2015, de 8 de janeiro).

Os documentos que contenham informação cujo conhecimento possa pôr em causa interesses fundamentais do Estado podem (e devem) ser classificados, quer ao abrigo do regime do segredo de Estado, quer por outros regimes legais relativos à informação classificada. O regime do segredo de Estado está previsto na referida Lei Orgânica n.º 2/2014. Determina-se qual o âmbito do segredo de Estado (artigo 2.º). Quais os órgãos com competência para classificar os documentos (artigo 3.º). Fixam-se as regras sobre a fundamentação do ato de classificação, a sua duração e a desclassificação (artigos 4.º e 6.º). E são firmadas regras de proteção dos documentos classificados (artigo 8.º).

Os documentos classificados contêm informação particularmente sensível, por natureza inacessível e que é objeto de especiais medidas de proteção. Só em situações muito especiais é que se pode aceder a essa informação. De acordo com a lei, apenas têm acesso a documentos e informações classificados como segredo de Estado:

a) O Presidente da República e o Primeiro-ministro;
b) As pessoas que deles careçam para o cumprimento das suas funções e que tenham sido autorizadas pela entidade que conferiu a classificação definitiva (nºs 1 e 2 do artigo 9.º da Lei Orgânica n.º 2/2014)[44].

O n.º 2 do artigo 6.º enuncia uma segunda restrição, embora com uma formulação estranha. Diz-se que os documentos protegidos por direitos de autor ou direitos conexos, bem como os documentos que revelem segredo relativo à propriedade literária, artística, industrial ou científica, *"são acessíveis, sem prejuízo da aplicabilidade das restrições resultantes do Código do Direito de Autor e dos Direitos Conexos e do Código da Propriedade Industrial e demais legislação aplicável à proteção da propriedade intelectual"*.

[44] Se a classificação definitiva tiver sido conferida pelo Vice-Primeiro-ministro ou por um ministro, a autorização pode também ser prestada pelo Primeiro-ministro (n.º 2 do artigo 9.º da Lei Orgânica n.º 2/2014).

Esta formulação suscita várias questões. A que restrições se refere o legislador? Restrições de acesso? Não se entende. É que não está em causa nem existe qualquer restrição ao princípio geral, inscrito no artigo 5.º da LADA:

a) Os documentos protegidos por direitos de autor ou direitos conexos são acessíveis, a não ser que estejam abrangidos por qualquer outra restrição de acesso.
b) Existem é restrições à sua utilização ou exploração económica, como melhor se verá a propósito do capítulo da reutilização. Mas essas restrições não são de acesso e sim de utilização.
c) Por outro lado, o Código da Propriedade Industrial integra normas especiais sobre o acesso a documentos que mereciam uma referência no n.º 4 do artigo 1.º da LADA – e não neste artigo 6.º.

Seguem-se duas outras restrições, próximas, que serão abordadas conjuntamente. Afirma o n.º 3 do artigo 6.º que o *"acesso aos documentos administrativos preparatórios de uma decisão ou constantes de processos não concluídos pode ser diferido até à tomada de decisão, ao arquivamento do processo ou ao decurso de um ano após a sua elaboração, consoante o evento que ocorra em primeiro lugar"*. E acrescenta o n.º 4 do artigo 6.º que o *"acesso ao conteúdo de auditorias, inspeções, inquéritos, sindicâncias ou averiguações pode ser diferido até ao decurso do prazo para instauração de procedimento disciplinar"*. Estas restrições justificam os seguintes comentários:

a) A primeira nota é para sublinhar que nestes casos o acesso pode ser diferido, ou seja, remetido para um momento posterior (seja a tomada de decisão, o arquivamento do processo, o decurso de um ano após a elaboração do documento ou o decurso do prazo para instauração de procedimento disciplinar).
Pode não é o mesmo que deve. Ou seja, cabe à entidade requerida avaliar se existem ou não inconvenientes sérios na disponibilização, que justifiquem o diferimento. Caso não existam, o pedido deve ser deferido.
b) Segunda nota: é necessário fundamentar a decisão, o ato de diferimento. Ato que pode depois ser impugnado pelo requerente.

c) Terceira nota: para lembrar que, mesmo em caso de diferimento, o processo não se torna inacessível a tudo e a todos.
Exemplo: podem sempre aceder aos processos não concluídos os diretamente interessados e quem demonstre possuir um interesse legítimo (artigos 82.º a 85.º do CPA).

A restrição prevista no n.º 5 do artigo 6.º é, sem dúvida, a mais frequente, ou seja, aquela que está presente em mais situações (e abrange mais documentos). Para se compreender esta restrição cumpre responder a três questões fundamentais, a saber:

a) O que são documentos nominativos?
b) Quem pode aceder aos documentos nominativos?
c) Quando é que os documentos nominativos são de acesso livre?

De acordo com a alínea b) do n.º 1 do artigo 3.º da LADA, documento nominativo é *"o documento administrativo que contenha dados pessoais, definidos nos termos do regime legal de proteção de dados pessoais"*. Dados pessoais são, nos termos do n.º 1) do artigo 4.º do Regulamento Geral sobre a Proteção de Dados (RGPD)[45]: *"informação relativa a uma pessoa singular identificada ou identificável («titular dos dados»); é considerada identificável uma pessoa singular que possa ser identificada, direta ou indiretamente, em especial por referência a um identificador, como por exemplo um nome, um número de identificação, dados de localização, identificadores por via eletrónica ou a um ou mais elementos específicos da identidade física, fisiológica, genética, mental, económica, cultural ou social dessa pessoa singular"*[46].

A nova LADA avança, assim, uma noção de documento nominativo muito diferente da que estava inscrita na Lei n.º 46/2007: *"o documento administrativo que contenha, acerca de pessoa singular, identificada ou identificável, apreciação ou juízo de valor, ou informação abrangida pela reserva da intimidade da vida privada"*

[45] Regulamento (EU) 2016/679 do Parlamento Europeu e do Conselho, de 27 de abril de 2016, relativo à proteção das pessoas singulares no que diz respeito ao tratamento de dados pessoais e à livre circulação desses dados e que revoga a Diretiva 95/46/CE.

[46] São dados pessoais, por exemplo, o nome de uma pessoa singular, a sua filiação, o número de identificação civil, o número de contribuinte, as habilitações literárias, a sua avaliação do desempenho, informação sobre marcação de férias, etc.

[alínea a) do n.º 1 do artigo 3.º da Lei n.º 46/2007]. E esta diferença não é meramente formal, ou conceptual. Tem efeitos muito importantes em matéria de acesso aos documentos administrativos e de transparência administrativa. Ao abrigo da Lei n.º 46/2007 havia um conjunto limitado de documentos que eram de acesso restrito, por conterem informação abrangida pela reserva da intimidade da vida privada. Neste momento, e com a maior abrangência da atual noção de documento nominativo, passou a limitar-se o acesso à maioria dos documentos em posse da Administração (documentos que contêm dados pessoais).

A pessoa a quem os documentos nominativos digam respeito tem, em princípio, o direito de a eles aceder, sem quaisquer restrições (artigo 5.º e n.º 5 do artigo 6.º da LADA). O n.º 2 do artigo 3.º da Lei n.º 12/2005, de 26 de janeiro, prevê, no entanto, uma exceção: o acesso ao processo clínico deve ser recusado ao *"titular da informação de saúde"*, em *"circunstâncias excecionais devidamente justificadas e em que seja inequivocamente demonstrado que isso lhe possa ser prejudicial"*. Está em causa o denominado privilégio terapêutico (Pratas, 2015: 74-75).

Para além do titular da informação nominativa, podem ainda aceder aos documentos nominativos:

a) Terceiros que estejam munidos *"de autorização escrita do titular dos dados que seja explícita e específica quanto à sua finalidade e quanto ao tipo de dados a que quer aceder"*[47];
b) Terceiros que demonstrem fundamentadamente ser titulares *"de um interesse direto, pessoal, legítimo e constitucionalmente protegido suficientemente relevante, após ponderação, no quadro do princípio da proporcionalidade, de todos os direitos fundamentais em presença e do princípio da administração aberta, que justifique o acesso à informação"* (n.º 5 do artigo 6.º da LADA)[48].

[47] Sobre o acesso por terceiro com autorização do titular, veja-se Pratas (2015: 76 e seguintes).

[48] A lei exige a demonstração pelo requerente da existência de um interesse direto, pessoal e legítimo. Não basta, pois, a sua mera alegação. É exigida a comprovação da titularidade desse interesse, designadamente mediante a apresentação de documentação: *"Nos termos gerais, cabe aos interessados provar os factos que tenham alegado, e ao órgão competente procurar averiguar os factos cujo conhecimento seja conveniente para a justa e rápida decisão, inclusivamente mediante a solicitação de provas aos interessados. Não carecem de prova nem de alegação os factos notórios e os factos de que o*

A restrição de acesso a documentos nominativos por terceiros, inscrita no n.º 5 do artigo 6.º da LADA, não se mantém indefinidamente, para sempre. Nos termos do n.º 2 do artigo 17.º do Decreto-lei n.º 16/93, de 23 de janeiro, na redação que decorre do artigo 44.º da Lei n.º 26/2016, são *"acessíveis os documentos que integrem dados nominativos:*

a) *Desde que decorridos 30 anos sobre a data da morte das pessoas a que respeitam os documentos; ou*
b) *Não sendo conhecida a data da morte, decorridos 40 anos sobre a data dos documentos, mas não antes de terem decorrido 10 anos sobre o momento do conhecimento da morte"*[49].

Esta opção do legislador – de alterar a noção de documento nominativo – suscita as maiores dúvidas. Coloca-se em causa o princípio da Administração

órgão competente tenha conhecimento em virtude do exercício das suas funções" (Renato Gonçalves, 2002: 86).
Note-se ainda que, nos termos do n.º 1 do artigo 38.º da LADA, quem, *"com intenção de aceder indevidamente a dados nominativos, declarar ou atestar falsamente perante órgão ou entidade referida no n.º 1 do artigo 4.º ser titular de um interesse direto, pessoal, legítimo e constitucionalmente protegido que justifique o acesso à informação ou documentos pretendidos, é punido com pena de prisão até um ano ou com pena de multa"*. Sendo que a tentativa é punível (n.º 2 do artigo 38.º da LADA).
Terceira nota: *"Os documentos nominativos comunicados a terceiros não podem ser utilizados ou reproduzidos de forma incompatível com a autorização concedida, com o fundamento do acesso, com a finalidade determinante da recolha ou com o instrumento de legalização, sob pena de responsabilidade por perdas e danos e responsabilidade criminal, nos termos legais"* (n.º 2 do artigo 8.º da LADA).
Quarta nota: quanto ao tratamento para fins de arquivo de interesse público, fins de investigação científica ou histórica ou fins estatísticos, veja-se o artigo 31.º da Lei n.º 58/2019, de 8 de agosto.

[49] Assiste-se, pois, a uma diminuição do período de proteção da informação nominativa, com a entrada em vigor da Lei n.º 26/2016. Antes desta alteração, o acesso passava a ser livre decorridos 50 anos sobre a data da morte do titular, ou decorridos 75 anos sobre a data dos documentos, sendo desconhecida a data da morte do titular.
Esta alteração, introduzida já na Assembleia da República pelo grupo parlamentar do Partido Socialista, encerra uma dificuldade evidente: nas situações em que não se conhece a data da morte do titular, e para que o acesso seja livre, é sempre necessário que tenham *"decorrido 10 anos sobre o momento do conhecimento da morte"*. Esta exigência, que é uma novidade, encerra problemas de interpretação. Como é que se determina, no caso, o conhecimento da morte? Quem é que o determina? E está em causa o conhecimento da morte por quem?
Para um maior desenvolvimento (e tentativa de resposta), veja-se o parecer da CADA n.º 60/2018 – disponível em *www.cada.pt*.

aberta. Opera-se uma verdadeira revolução através da simples alteração de um conceito – revolução que consubstancia um retrocesso enorme.

A CADA (Comissão de Acesso aos Documentos Administrativos) confrontada com esta situação, optou, num primeiro momento, por desenvolver uma solução artificiosa, construída pela via interpretativa. Defendia a CADA que *"são livremente acessíveis os documentos ou informações a que se referem os artigos 10.º e 3.º, n.º 1 alínea a), isto é, sem necessidade de invocação de qualquer fundamentação legitimante"* (Parecer n.º 486/2016)[50]. E acrescentava-se o seguinte:

a) *"A informação a que se reporta a referida alínea a) do n.º 1 do artigo 3.º deverá, assim, ser considerada como relevante e essencial para garantir a transparência da atividade administrativa, independentemente de nela poderem existir «dados pessoais», os quais, desde que sejam relevantes para o exercício desse funcionamento e controlo da atividade pública, não deverão ser omitidos"*;
b) *"Se assim não fosse deixariam de existir no nosso ordenamento jurídico documentos livremente acessíveis, o princípio da transparência e da administração aberta ficaria esvaziado de sentido e conteúdo, e a alínea a) do n.º 1 do artigo 3.º e os artigos 10.º e 11.º da LADA perderiam a sua razão de ser"*.

Esta via (interpretativa) encerrava, no entanto, três problemas fundamentais:

a) Não respeitava minimamente aquela que foi a vontade expressa do legislador, plasmada na exposição de motivos da proposta de Lei n.º 18/XIII;
b) Não tinha na letra da lei um mínimo de correspondência verbal, ainda que imperfeitamente expresso[51].
De facto, em nenhum momento se limita a restrição prevista no n.º 5 do artigo 6.º da LADA – nem nos artigos 10.º e 11.º (dedicados à divulgação ativa), nem na exemplificação de documentos administrativos prevista na alínea a) do n.º 1 do artigo 3.º.

[50] Disponível em *www.cada.pt*.

[51] Nos termos do n.º 2 do artigo 9.º do Código Civil, não pode *"ser considerado pelo intérprete o pensamento legislativo que não tenha na letra da lei um mínimo de correspondência verbal, ainda que imperfeitamente expresso"*.

c) A exemplificação de documentos administrativos prevista na alínea a) do n.º 1 do artigo 3.º, para além da enorme extensão que encerra, integra documentos e informação respeitantes à reserva da intimidade da vida privada de terceiros (por exemplo, um documento médico entregue para justificar uma falta; um curriculum entregue num concurso e que faça referência às convicções religiosas do candidato, etc.)[52]. Perguntava-se: tais documentos seriam também de acesso livre, *"sem necessidade de invocação de qualquer fundamentação legitimante"*? Não fazia qualquer sentido que assim fosse.

A CADA acabaria, no entanto, por abandonar esse entendimento (veja-se o Parecer n.º 301/2017, disponível em *www.cada.pt*). E assume agora uma interpretação mais prudente, que tem por base o disposto no n.º 5 do artigo 6.º da LADA:

> *"Um terceiro só tem direito de acesso a documentos nominativos:*
>
> *a) Se estiver munido de autorização escrita do titular dos dados que seja explícita e específica quanto à sua finalidade e quanto ao tipo de dados a que quer aceder;*
>
> *b) Se demonstrar fundamentadamente ser titular de um interesse direto, pessoal, legítimo e constitucionalmente protegido suficientemente relevante, após ponderação, no quadro do princípio da proporcionalidade, de todos os direitos fundamentais em presença e do princípio da administração aberta, que justifique o acesso à informação.*
>
> *(...)*
>
> *Isto significa que, presentemente, o acesso a documentos administrativos contendo dados pessoais, na aceção que deles é dada no regime legal de proteção de dados pessoais (...), se encontra sob a restrição genérica do artigo 6.º, 5.*

[52] Relembra-se aqui essa exemplificação:
i) "Procedimentos de emissão de atos e regulamentos administrativos;
ii) Procedimentos de contratação pública, incluindo os contratos celebrados;
iii) Gestão orçamental e financeira dos órgãos e entidades;
iv) Gestão de recursos humanos, nomeadamente os dos procedimentos de recrutamento, avaliação, exercício do poder disciplinar e quaisquer modificações das respetivas relações jurídicas" [alínea a) do n.º 1 do artigo 3.º da LADA].

> *Visto sob a perspetiva do titular dos dados isso significa que ele tem, desde logo, um direito de proteção conferido pela Lei, independentemente de o solicitar"* (Parecer n.º 301/2017).

E também o n.º 9 do artigo 6.º da LADA, introduzido pela Lei n.º 58/2019, de 8 de agosto:

> *"Mas ainda que se quisesse ver alguma base para a consideração de proteção deve dizer-se que, em situações como esta, o princípio do acesso prevalece sobre essa eventual proteção de dados pessoais, atenta a mínima natureza intrusiva de que se reveste, aplicando-se o disposto no artigo 6.º, 9, da LADA: «Sem prejuízo das ponderações previstas nos números anteriores, nos pedidos de acesso a documentos nominativos que não contenham dados pessoais que revelem a origem étnica, as opiniões políticas, as convicções religiosas ou filosóficas, a filiação sindical, dados genéticos, biométricos ou relativos à saúde, ou dados relativos à intimidade da vida privada, à vida sexual ou à orientação sexual de uma pessoa, presume-se, na falta de outro indicado pelo requerente, que o pedido se fundamenta no direito de acesso a documentos administrativos»"* (Parecer da CADA n.º 344/2019, disponível em *www.cada.pt*).

Este novo entendimento, que não suscita as críticas apontadas à interpretação inicial, encerra, no entanto, alguns problemas – que decorrem no essencial da opção do legislador:

a) Um terceiro, que não tenha autorização escrita, está obrigado a demonstrar ser titular, simultaneamente, de um interesse direto, pessoal, legítimo e constitucionalmente protegido (n.º 5 do artigo 6.º da LADA).
b) Pergunta-se: constitui a intenção de conhecer e controlar a atividade administrativa, só por si, um interesse direto e pessoal? Parece que não.
c) A CADA defende, no entanto, que o princípio do acesso deve prevalecer sobre a proteção de dados pessoais "menos intrusivos" (ou não sensíveis) – face ao disposto no n.º 9 do artigo 6.º da LADA.
   A leitura que faz não tem, todavia, um mínimo de correspondência verbal na letra da lei. O n.º 9 do artigo 6.º contempla uma presunção,

mas em nenhum momento se derroga o exigido no n.º 5 (aplicável a todos os documentos nominativos). É o próprio legislador que o afirma: *"Sem prejuízo das ponderações previstas nos números anteriores"* (n.º 9 do artigo 6.º).

d) Desta forma, quem pretender conhecer e "fiscalizar" a atividade administrativa fica impedido de aceder a dados pessoais, o que significa uma amputação substancial do princípio da Administração aberta – e um retrocesso muito importante em matéria de transparência administrativa[53].

O caminho terá que ser outro, bem diferente daquele que a CADA defendia (ou daquele que defende atualmente). Primeiro: o da declaração de inconstitucionalidade das normas em causa. Segundo: o da alteração da lei. Dispõe o n.º 1 do artigo 277.º da Constituição que são *"inconstitucionais as normas que infrinjam o disposto na Constituição ou os princípios nela consagrados"*. E é o caso. O legislador constitucional fez uma opção clara no n.º 2 do artigo 268.º: *"Os cidadãos têm também o direito de acesso aos arquivos e registos administrativos, sem prejuízo do disposto na lei em matérias relativas à segurança interna e externa, à investigação criminal e à intimidade das pessoas"*. O legislador constitucional sabia que, nos termos do n.º 4 do artigo 35.º da Constituição, é *"proibido o acesso a dados pessoais de terceiros, salvo em casos excecionais previstos na lei"*. Sabia igualmente que, caso aplicasse essa regra ao acesso a documentos administrativos, estaria a amputar perigosamente o princípio da Administração aberta. Sabia que estamos perante dois direitos constitucionalmente protegidos e em conflito. E fez uma opção: optou por viabilizar restrições ao arquivo aberto, mas apenas quando os dados pessoais digam respeito à *"intimidade das pessoas"*[54].

[53] Só assim não será se estiver em causa *"informação de natureza funcional"* (relativa ao exercício de funções públicas), que é de acesso livre (ver parecer da CADA n.º 306/2019, disponível em *www.cada.pt*).

[54] Solução que salvaguarda os três subprincípios do princípio da proporcionalidade: o princípio da adequação, o princípio da exigibilidade e o princípio da proporcionalidade em sentido restrito (ou *"justa medida"*).

Coloca-se aqui uma última questão relativa a esta restrição. Será que a Administração está obrigada, no caso, a preferir a Constituição à lei, desaplicando esta e aplicando diretamente aquela? A resposta é negativa, pelas razões invocadas por Gomes Canotilho e Vital Moreira (1993: 146):

> *"Na verdade estabelece-se um conflito entre a eficácia direta das normas referentes a direitos, liberdades e garantias (que obrigam a administração) e a observância do princípio da legalidade, igualmente vinculativo da administração (artigo 266.º, 2). Os tribunais, esses têm constitucionalmente o direito e o dever de fiscalização da constitucionalidade das leis, desaplicando-as, caso estejam em contradição com as normas constitucionais (artigo 207.º); às entidades administrativas, porém, não é reconhecido este direito de fiscalização prévia, impondo-se antes como princípio geral a observância da lei (princípio da legalidade)"*[55].

O n.º 6 do artigo 6.º prevê uma outra restrição ou exceção ao princípio geral, relativa aos denominados *"segredos de empresa"*. E apresenta um regime de acesso a esses *"segredos"* muito semelhante ao traçado para os documentos nominativos.

O que são *"segredos de empresa"* (ou *"segredos comerciais, industriais ou sobre a vida interna de uma empresa"*, na expressão utilizada pelo legislador)? Para responder a esta questão torna-se importante separar as duas principais componentes da noção, tal como fez a CADA no Parecer n.º 197/2010[56]:

a) *"Segredos comerciais ou industriais (segredos de negócios) são as informações secretas, que por esse facto tenham valor comercial (atual ou potencial) e sejam objeto de medidas no sentido de as manter secretas"*[57];

[55] Note-se que o artigo 268.º da Constituição estabelece os direitos fundamentais do cidadão enquanto administrado, direitos de natureza análoga aos *"direitos, liberdades e garantias"*, partilhando do mesmo regime, designadamente a aplicabilidade direta (Gomes Canotilho e Vital Moreira, 1993: 934).

[56] Disponível em *www.cada.pt*.

[57] Neste mesmo sentido, veja-se o artigo 318.º do Código da Propriedade Industrial.

b) *"Os segredos da vida interna das empresas, em regra, não são apropriáveis e não têm um valor de mercado. Não são passíveis de replicação, mas o seu conhecimento por terceiros pode acarretar prejuízos"*[58].

Os *"segredos de empresa"* são por princípio secretos, configurando-se assim mais uma exceção ao princípio geral, previsto no artigo 5.º da LADA[59]. Isso não significa que sejam totalmente inacessíveis. De acordo com a LADA, podem aceder aos *"segredos de empresa"*:

a) O titular dos dados reservados (artigo 5.º e n.º 6 do artigo 6.º);
b) Terceiro munido de autorização escrita (n.º 6 do artigo 6.º);
c) Ou terceiro que demonstre fundamentadamente *"ser titular de um interesse direto, pessoal e legítimo e constitucionalmente protegido suficientemente relevante após ponderação, no quadro do princípio da proporcionalidade, de todos os direitos fundamentais em presença e do princípio da administração aberta, que justifique o acesso à informação"* (n.º 6 do artigo 6.º).

Duas notas mais sobre esta exceção. A primeira, para sublinhar que a proteção ou o segredo, neste caso, também não se mantêm indefinidamente: os documentos que contenham *"segredos de empresa"* passam a ser de acesso livre decorridos 30 anos sobre a data da extinção da pessoa coletiva, caso a lei não determine um prazo mais curto (n.º 3 do artigo 17.º do Decreto-Lei n.º 16/93, de 23 de janeiro).

[58] Alexandre Brandão da Veiga (2007: 110 e seguintes) apresenta uma noção muito próxima desta – defendida pela CADA, distinguindo segredo económico e segredo relativo à vida interna das entidades. O segredo económico é *"toda a informação que não sendo de conhecimento público, tem valor económico por si mesma, independentemente de a que empresa se refere"* (p. 111): *"uma forma de se estruturar, uma forma de funcionar, uma forma de se relacionar com o público, que pela sua originalidade, raridade ou menor divulgação assumem objetivamente valor económico"* (p. 134). *"Já a vida interna das empresas pode ter valor económico, mas apenas e só na medida em que se refere a esta empresa concreta. A situação económica desta empresa concreta, o facto de esta empresa concreta ter adotado este ou aquele modelo de organização, modelos em si, e em abstrato que podem ser mesmo banais, só não sendo público o facto de que uma empresa concreta adotou este ou aquele modelo"* (p. 110-111).

[59] O *"segredo de empresa"* visa *"impedir que sejam aproveitadas informações confidenciais e falseadas as regras da concorrência, evitando que certas empresas se informem junto da Administração de segredos detidos por outras empresas"* (Fernando Condesso, 1995: 350).

A segunda, para manifestar alguma estranheza (e discordância) pelo tratamento diferenciado dado pelo legislador, em matéria de proteção, à informação nominativa e aos *"segredos de empresa"*. No caso da informação nominativa, refere-se expressamente que qualquer utilização indevida (por terceiros) implica responsabilidade por perdas e danos e responsabilidade criminal (n.º 2 do artigo 8.º da LADA). Para além disso, criminalizam-se as declarações falsas (artigo 38.º da LADA). Para os *"segredos de empresa"* não se estabelecem tais prescrições (e não se entende essa diferenciação).

A nova LADA veio acrescentar mais três restrições de acesso, previstas no n.º 7 do artigo 6.º:

> *"Sem prejuízo das demais restrições legalmente previstas, os documentos administrativos ficam sujeitos a interdição de acesso ou a acesso sob autorização, durante o tempo estritamente necessário à salvaguarda de outros interesses juridicamente relevantes, mediante decisão do órgão ou entidade competente, sempre que contenham informações cujo conhecimento seja suscetível de:*
> *a) Afetar a eficácia da fiscalização ou supervisão, incluindo os planos, metodologias e estratégias de supervisão ou de fiscalização;*
> *b) Colocar em causa a capacidade operacional ou a segurança das instalações ou do pessoal das Forças Armadas, dos serviços de informações da República Portuguesa, das forças e serviços de segurança e dos órgãos de polícia criminal, bem como a segurança das representações diplomáticas e consulares; ou*
> *c) Causar danos graves e dificilmente reversíveis a bens ou interesses patrimoniais de terceiros que sejam superiores aos bens e interesse protegidos pelo direito de acesso à informação administrativa".*

Estas três restrições – uma novidade da nova LADA – suscitam algumas interrogações e merecem um maior aprofundamento. A primeira questão diz respeito à existência de restrições fora dos limites expressamente previstos no n.º 2 do artigo 268.º da Constituição:

> *"Os cidadãos têm também o direito de acesso aos arquivos e registos administrativos, sem prejuízo do disposto na lei em matérias relativas à segurança interna e externa, à investigação criminal e á intimidade das pessoas".*

A questão foi já apreciada pelo Tribunal Constitucional (Acórdão n.º 254/99 – Processo n.º 456/97). E concluiu-se que a reserva de lei do n.º 2 do artigo 268.º *"é uma remissão da Constituição para a lei e não uma exceção constitucional a normais constitucionais"*:

> *"Ora não há nenhuma razão para que limites do mesmo género não existam no caso do direito de acesso do n.º 2. É que se trata de um género de limites que existem qualquer que seja o modo de definição de um direito na Constituição, porque resultam simplesmente da existência de outros direitos ou bens, igualmente reconhecidos na Constituição e que em certas circunstâncias com eles conflituam, bem como da possibilidade de conflitos em certas circunstâncias entre direitos idênticos na titularidade de diferentes pessoas. Os conflitos não podem ser evitados a não ser pela previsão na Constituição dessas circunstâncias e pela consequente transformação dos elementos do conflito em elementos da definição dos direitos ou bens constitucionalmente em jogo. Ora a previsão exaustiva das circunstâncias que podem dar lugar a conflitos deste tipo é praticamente impossível pela imprevisibilidade das situações de vida e pelos limites da linguagem que procura prevê-las em normas jurídicas, além de que a Constituição nunca pretendeu regular pormenorizadamente, ou tão exaustivamente quanto possível, os direitos que consagra. Estas considerações aplicam-se a todos os direitos fundamentais reconhecidos na Constituição. Todos esses direitos podem ser limitados ou comprimidos por outros direitos ou bens constitucionalmente protegidos, sem excluir a possibilidade de conflitos entre direitos idênticos na titularidade de diferentes pessoas".*

Questão diferente é a do critério ou critérios para determinar quais as restrições a incluir (e regular) por lei. Como se diz no citado Acórdão do Tribunal Constitucional, *"a previsão exaustiva das circunstâncias que podem dar lugar a conflitos deste tipo é praticamente impossível pela imprevisibilidade das situações de vida e pelos limites da linguagem que procura prevê-las em normas jurídicas"*. O legislador ordinário não deve procurar essa enumeração exaustiva. Deve ser mais contido e tratar apenas das situações enunciadas expressamente na Constituição e as mais frequentes, ou mais importantes. Com base neste critério, que aqui se advoga, pode agora questionar-se a opção do legislador. E há pelo menos duas questões que se impõem de imediato:

a) Serão essas três novas restrições frequentes, autónomas, suficientemente importantes e consolidadas para merecerem a sua inscrição expressa na LADA?
   Suscitam-se as maiores dúvidas.
   No caso da alínea a): qual o direito ou bem constitucionalmente protegido que está em colisão com o do direito de acesso?
   No caso da alínea b): estão ou não em causa documentos que poderiam ser classificados através do regime do segredo de estado?
   No caso da alínea c): prevê-se a proteção de bens ou interesses patrimoniais (em situação de colisão). Então e a vida ou a integridade física? Não justificam (pelo menos) igual proteção?
b) Qual a razão para deixar de enunciar no artigo 6.º o segredo de justiça? Esta restrição é enunciada no n.º 2 do artigo 268.º da Constituição e sempre esteve inscrita na LADA. Não se entende a sua exclusão do elenco de restrições consagradas no artigo 6.º.

1.5 – Comunicação parcial e publicidade

Mesmo que o documento esteja abrangido pelas restrições do artigo 6.º da LADA, é possível a sua disponibilização, a qualquer requerente, em duas situações distintas:

a) Sempre que se consiga proceder a uma comunicação parcial, ou seja, com expurgo da informação reservada; ou
b) Nos casos em que a informação reservada tenha sido tornada pública.

A comunicação parcial está prevista no n.º 8 do artigo 6.º da LADA: *"Os documentos administrativos sujeitos a restrições de acesso são objeto de comunicação parcial sempre que seja possível expurgar a informação relativa à matéria reservada"*. Ou seja, a presença de informação reservada não é sinónimo de recusa de acesso ao documento. O documento deve ser disponibilizado, embora com expurgo dessa informação – sempre que tal se revele possível.

A comunicação parcial não se confunde, pois, com a anonimização. Na anonimização procede-se ao expurgo da identificação do titular dos dados, mantendo-se no documento toda a informação reservada. Na comunicação parcial é retirada do documento toda a informação sujeita a restrições de acesso. E é disponibilizada apenas a informação de acesso livre.

Há ainda dois outros casos em que um documento abrangido por uma restrição pode e deve ser disponibilizado livremente. Sempre que uma norma ou uma decisão lícita da Administração mandem publicitar a informação em causa. Veja-se a esse propósito toda a informação nominativa publicada no Diário da República. Ou sempre que os dados sejam tornados públicos pelo seu titular, desde que *"se possa legitimamente deduzir das suas declarações o consentimento"* [alínea c) do n.º 3 do artigo 7.º da LPD]. Nestes dois casos a informação, tornada pública, passa a ser de acesso livre.

Apesar de alguma proximidade, há diferenças importantes entre as duas situações referidas. Com a comunicação parcial não há qualquer alteração à natureza da informação reservada – que continua a ser reservada. Com a publicidade já não é assim: a informação que é tornada pública deixa de ser reservada e passa a ser de acesso livre.

Como referido, a Administração, confrontada com um concreto pedido de acesso, deve colocar e responder a um conjunto de questões, sequencialmente. E podem agora identificar-se tais questões:

1.ª Questão: o documento requerido é um documento administrativo?
2.ª Questão: o acesso ao documento requerido obedece a legislação específica?
3.ª Questão: a informação requerida está abrangida por alguma restrição de acesso?
4.ª Questão: a informação abrangida por restrições de acesso foi tornada pública?
5.ª Questão: pode proceder-se à comunicação parcial do documento, com expurgo da informação reservada?

1.6 – Acesso à informação de saúde

A Proposta de Lei n.º 18/XIII, que esteve na génese da nova LADA, apresenta como um dos seus objetivos centrais *"sanar incoerências e dúvidas de constitucionalidade, há muito discutidas, entre a LADA, o regime da Lei de Proteção de Dados Pessoais e a Lei n.º 12/2005, de 26 de janeiro, na parte relativa ao acesso a informação genética pessoal e informação de saúde".* Importa, pois, identificar as alterações introduzidas neste âmbito e verificar se as soluções adotadas vieram, ou não, sanar as referidas *"incoerências e dúvidas".*

A controvérsia sobre esta matéria tem sido protagonizada fundamentalmente pela CADA (Comissão de Acesso aos Documentos Administrativos) e pela CNPD (Comissão Nacional de Proteção de Dados). Para resumir, pode dizer-se que a divergência diz respeito a duas questões centrais:

a) Qual o diploma que regula o acesso à informação de saúde no setor público (LADA ou LPD, Lei da Proteção de Dados Pessoais)?
b) Qual a entidade com competência para zelar pelo cumprimento da lei (CADA ou CNPD)?

Antes da nova LADA, a CADA sempre entendeu que o acesso à informação de saúde no setor público era regulado, fundamentalmente, na LADA; e que lhe competia a si emitir parecer em caso de dúvida, ou perante queixas dos particulares. A CNPD entendia, por seu lado, que o regime de acesso era o que resultava da LPD e não o da LADA; e que lhe competia a si zelar pelo cumprimento das regras em vigor[60]. Como muito bem sublinhava o Provedor de Justiça, em comunicações que enviou à Assembleia da República, a situação existente era *"obscura"*, prejudicando *"os cidadãos em geral, as entidades de saúde detentoras de informação clínica e a própria reputação e autoridade das entidades públicas envolvidas"* – CADA e CNPD (Pratas, 2015: 132).

Ou seja, o problema foi muito bem identificado na Proposta de Lei n.º 18/XIII – não havendo quaisquer dúvidas quanto à necessidade urgente de o resolver. Resta perceber qual foi a solução definida pelo legislador – e plasmada na nova LADA – e verificar se a mesma é ou não eficaz, em face do objetivo traçado.

Ora, a solução protagonizada pela nova LADA surge referida na exposição de motivos da Proposta de Lei n.º 18/XIII: *"Mantém-se o regime de acesso a documentos nominativos por terceiros que demonstrem um interesse direto, pessoal e legítimo na informação, no entanto, redesenha-se o conceito de documento nominativo tendo em conta o regime europeu e nacional de proteção de dados pessoais – não os reconduzindo,*

[60] Para um maior desenvolvimento sobre esta controvérsia, os seus precisos termos, e sobre possíveis soluções para o problema, veja-se Pratas (2015).

portanto, apenas ao conteúdo relacionado com a reserva da intimidade da vida privada, mas definindo-os enquanto todo o tipo de documentos que contenham dados pessoais". Em simultâneo, e com o mesmo objetivo, estabeleceu-se ainda o seguinte:

a) *"O acesso a informação e a documentos nominativos, nomeadamente quando incluam dados de saúde, produzidos ou detidos pelos órgãos ou entidades referidas no artigo 4.º (...) rege-se pela presente lei, sem prejuízo do regime legal de proteção de dados pessoais"* (n.º 3 do artigo 1.º da LADA);
b) O acesso a informação sobre o segredo médico obedece a legislação específica [alínea d) do n.º 4 do artigo 1.º da LADA].

Terá essa estratégia, agora referida, produzido o resultado esperado? A divergência em causa foi sanada? Estranhamente não foi (apesar da preocupação e intenção manifestadas). As dúvidas e divergências mantiveram-se. O que levou o legislador a intervir novamente, desta vez através da Lei n.º 58/2019, de 8 de agosto (e finalmente com sucesso):

> *"Artigo 26.º*
> *O acesso a documentos administrativos que contenham dados pessoais rege-se pelo disposto na Lei n.º 26/2016, de 22 de agosto".*

Outra alteração importante, introduzida pela nova LADA, diz respeito à intermediação médica para acesso a dados de saúde. A Lei n.º 46/2007 estabelecia o seguinte: *"A comunicação de dados de saúde é feita por intermédio de médico se o requerente o solicitar"* (artigo 7.º). A nova LADA dispõe agora o seguinte:

> *"Artigo 7.º*
> *Acesso e comunicação de dados de saúde*
> *1 – O acesso à informação de saúde por parte do seu titular, ou de terceiro com o seu consentimento ou nos termos da lei, é exercido por intermédio de médico se o titular da informação o solicitar, com respeito pelo disposto na Lei n.º 12/2005, de 26 de janeiro.*
> *2 – Na impossibilidade de apuramento da vontade do titular quanto ao acesso, o mesmo é sempre realizado com intermediação de médico.*
> *(...)".*

É verdade que a intermediação médica continua a ser facultativa para o titular dos dados – esse aspeto mantém-se. Mas introduzem-se duas alterações de fundo, cujo alcance importa aprofundar:

a) Com a Lei n.º 46/2007, quem determinava a existência de intermediação médica era o requerente. Com a nova LADA passou a ser o titular da informação.
A alteração parece fazer sentido. Importa recordar que a intermediação médica surge com o objetivo principal de proteger o titular dos dados – garantir que o acesso à informação não o perturba injustificadamente, desde logo por não conseguir decifrar os conceitos médicos associados[61].
Não obstante, não se percebe – nem em nenhum momento se diz – como é que o titular da informação manifesta a sua vontade nos casos de acesso por terceiros *"nos termos da lei"* (n.º 1 do artigo 7.º da nova LADA)[62].
"Nos termos da lei", significa, aqui, demonstrando (o terceiro), fundamentadamente, *"ser titular de um interesse direto, pessoal, legítimo e constitucionalmente protegido"* [alínea b) do n.º 5 do artigo 6.º da LADA]. Ora, nestas situações, parece-nos completamente desajustado colocar a hipótese da intermediação médica – seja em que situação for. Desde logo, porque o requerente é um terceiro (e não o titular). E, para além disso, porque o suporte para o acesso é a titularidade de um interesse constitucionalmente protegido, que se sobrepõe à proteção da informação em causa – e à vontade do titular dos dados.
Não se compreende e não se acompanha, pois, a opção do legislador. Apesar disso, e face ao disposto na lei, importa determinar quando é que o titular, nesses casos, deve manifestar a sua vontade. Sempre que alguém invocar a posse de um interesse direto, pessoal e legítimo para acesso a informação de saúde, o serviço terá que perguntar ao titular

[61] Sobre a intermediação médica na Lei n.º 46/2007, veja-se Pratas (2008a: 264-265).

[62] No acesso por terceiros com consentimento do titular dos dados a questão não se coloca. No documento escrito em que manifesta o consentimento, o titular dos dados pode referir, de imediato, a sua vontade em que haja intermediação médica.

dos dados se pretende que haja intermediação médica? Criou-se aqui mais um passo no procedimento administrativo?

Entende-se claramente que não. Em nenhum momento se vislumbra que o legislador tenha querido ir tão longe. Para além disso, e face ao exposto supra, deverá apontar-se (tanto quanto possível) para uma leitura restritiva deste preceito.

Deste modo, entende-se que, nestes casos, o que se permite é a possibilidade de o titular dos dados declarar, prévia e independentemente do pedido, que o acesso aos seus dados de saúde seja concretizado com intermediação médica. O que não deixa de ser um obstáculo injustificado.

b) Segunda alteração: de acordo com o n.º 2 do artigo 7.º, sempre que não seja possível determinar qual a vontade do titular, a intermediação passa a ser obrigatória.

É o acontece, por exemplo, se o titular está em coma. Ou nas situações em que o titular dos dados já faleceu – neste sentido, veja-se, entre outros, o Parecer da CADA n.º 485/2016[63].

Também não se percebe o alcance desta alteração – qual o bem jurídico que se está a proteger.

Se o objetivo da intermediação médica é (ou deve ser em primeira instância) a proteção do titular dos dados, não se entende o que é que se pretende defender, no caso. E como é que se cria mais este obstáculo ao acesso, por terceiros, sem que o mesmo tenha qualquer impacto ao nível da proteção do titular dos dados.

Parece-nos, pois, mais um aspeto a rever em futura alteração da lei.

[63] Sobre a proteção de dados pessoais de pessoas falecidas, veja-se também o artigo 17.º da Lei n.º 58/2019, de 8 de agosto:
"1 – *Os dados pessoais de pessoas falecidas são protegidos nos termos do RGPD e da presente lei quando se integrem nas categorias especiais de dados pessoais a que se refere o n.º 1 do artigo 9.º do RGPD, ou quando se reportem à intimidade da vida privada, à imagem ou aos dados relativos às comunicações, ressalvados os casos previstos no n.º 2 do mesmo artigo.*
2 – *Os direitos previstos no RGPD relativos a dados pessoais de pessoas falecidas, abrangidos pelo número anterior, nomeadamente os direitos de acesso, retificação e apagamento, são exercidos por quem a pessoa falecida haja designado para o efeito ou, na sua falta, pelos respetivos herdeiros.*
3 – *Os titulares dos dados podem igualmente, nos termos legais aplicáveis, deixar determinada a impossibilidade de exercício dos direitos referidos no número anterior após a sua morte*".

2 – O exercício do direito de acesso

A LADA integra um conjunto de regras relativas ao exercício do direito de acesso que importa conhecer. Para simplificação, decidiu-se arrumar tais regras em três capítulos ou tópicos principais: a forma do acesso; o pedido de acesso; e a resposta da entidade requerida.

O n.º 1 do artigo 13.º identifica expressamente as várias formas através das quais se pode exercer o direito de acesso, acrescentando que compete ao requerente escolher a que mais lhe convém:

a) Consulta gratuita, eletrónica ou efetuada presencialmente nos serviços que detêm os documentos;
b) Reprodução por fotocópia ou por qualquer meio técnico, designadamente visual, sonoro ou eletrónico; ou
c) Certidão[64].

Esta regra, aparentemente simples, justifica, no entanto, algumas notas complementares, com vista a uma maior concretização. É verdade que cabe ao requerente e não à entidade requerida escolher a forma do acesso. Sobre isso não há dúvidas. Não obstante, tal princípio encerra duas exceções, previstas na lei:

- Quando houver risco de a reprodução causar dano ao documento, pode a entidade requerida convidar o requerente a promover a reprodução por outro meio que não prejudique a sua conservação (n.º 3 do artigo 13.º);
- Se o documento requerido estiver disponível na *Internet*, a entidade requerida pode – independentemente da forma de acesso escolhida

[64] Uma certidão é um *"documento autêntico pelo qual uma autoridade ou oficial público competente atesta a existência ou inexistência no arquivo de Serviço a que pertence, de certo documento ou registo e em que, no primeiro caso, transcreve ou resume, total ou parcialmente, o conteúdo deste"* (José Pedro Fernandes, 1990a: 361). Já um certificado é, como explica José Pedro Fernandes (1990b: 368), um *"documento autêntico pelo qual uma autoridade ou oficial público competente atesta a verificação de um ou mais factos por ele praticados ou de que teve perceção direta"*.
A certidão pode ser de narrativa – resumo, por extrato, do conteúdo dos documentos – ou de cópia integral.

– limitar-se a indicar a exata localização, *"salvo se o requerente demonstrar a impossibilidade de utilização desta forma de acesso"* (n.º 5 do artigo 13.º)[65].

Segunda nota. O legislador sublinha, no n.º 1 do artigo 5.º da LADA, que o direito de acesso aos documentos administrativos *"compreende os direitos de consulta, de reprodução e de informação sobre a sua existência e conteúdo"*. Fica a dúvida: o direito de informação sobre a existência e conteúdo dos documentos corresponde a uma quarta (e nova) forma de acesso? Uma forma de acesso distinta das restantes (previstas no artigo 13.º)? É nosso entendimento que não. Por duas razões fundamentais. Primeiro, porque importa ler este artigo 5.º em conjugação com o artigo 13.º, que identifica – de forma clara – as três formas do acesso. Segundo, porque a expressão em evidência – embora expressa de forma incorreta e incompleta – corresponde, no essencial, à noção de certidão. Ou seja, é nosso entendimento que o legislador, no artigo 5.º, ao utilizar a expressão citada, está a referir-se ao direito a obter uma certidão e não a uma outra qualquer forma de acesso. Teria sido preferível, no entanto, que se referisse expressamente ao direito de certidão, evitando dessa forma a dúvida referida.

Terceira nota. O acesso por reprodução ou certidão *"faz-se através de um único exemplar, sujeito a pagamento, pelo requerente, da taxa fixada"* (n.º 1 do artigo 14.º). As entidades sujeitas à LADA não podem, todavia, fixar arbitrariamente o valor a cobrar quer pelas reproduções, quer pelas certidões. A lei estabelece

[65] Esta exigência, imposta ao requerente, afigura-se excessiva e incompreensível, desde logo por ser muito difícil demonstrar a impossibilidade de utilização da *Internet*. Como é que o requerente demonstra tal impossibilidade? Documentalmente? Em rigor, qualquer cidadão, mesmo menos familiarizado com as novas tecnologias, pode sempre deslocar-se a uma biblioteca pública e, com ou sem ajuda, aceder à *Internet*. Se o conseguir fazer, pode ainda assim alegar a impossibilidade de utilização da *Internet*?
Colocam-se ainda outras questões. E se o requerente tiver solicitado, por exemplo, uma certidão do documento? A entidade requerida pode, ainda assim, remetê-lo para apenas a consulta do documento na *Internet*?
Neste âmbito, deveria prevalecer o princípio geral: o de que é ao requerente e não à entidade requerida que cabe a escolha da forma de acesso. Nas situações descritas, a entidade requerida deveria poder remeter o requerente para a informação já disponibilizada, tendo este, no entanto, a possibilidade de reafirmar o interesse pela forma de acesso inicialmente indicada. Deveria ser bastante, pois, para o efeito, a simples manifestação de vontade do requerente, em vez da demonstração da impossibilidade de acesso através da *Internet*.

os princípios a que deve obedecer a fixação de tais valores, com o objetivo claro de impedir que, por essa via, se criem barreiras ao exercício do direito de acesso – ver artigo 14.º da LADA.

Quarta nota. O legislador criou duas exceções ao princípio de que as reproduções são pagas:

a) *"No caso de reprodução realizada por meio eletrónico, designadamente envio por correio eletrónico, não é devida qualquer taxa"* [alínea d) do n.º 1 do artigo 14.º]. Compreende-se. Com as novas tecnologias, há mecanismos de reprodução que têm custos marginais para a entidade requerida, não se justificando cobrar um valor pelo serviço. É o que acontece, por exemplo, quando o requerente solicita uma cópia de um documento que já existe em formato digital, com envio por correio eletrónico. Nesta situação, deve a entidade requerida disponibilizar a cópia sem quaisquer custos para o requerente[66].

[66] Situação diferente é aquela em que o requerente solicita, por exemplo, a digitalização de um conjunto de documentos – o que constitui também uma reprodução por meio eletrónico. Pergunta-se: nestes casos, em que há um custo relevante (o do trabalho da digitalização), pode ou não a entidade requerida fixar e cobrar um valor pela reprodução? A CADA entende inequivocamente que nesses casos *"deve a entidade requerida facultar o acesso aos documentos solicitados (...) sem pagamento de qualquer taxa"* (ver Parecer n.º 456/2016). Parece-nos, no entanto, interpretação pouco prudente e que não tem suporte naquela que foi a vontade do legislador.
Vejamos:
a) O legislador, ao identificar as várias formas de acesso, no n.º 1 do artigo 13.º, refere expressamente que a consulta é gratuita; o que não acontece relativamente quer à reprodução quer à certidão.
Para além disso, identifica a reprodução por meios eletrónicos como uma das formas possíveis de reprodução [alínea b) do n.º 1 do artigo 13.º].
Se a reprodução por meios eletrónicos fosse gratuita, como defende a CADA, o legislador teria dado nota disso logo no n.º 1 do artigo 13.º, como se verifica com a consulta. E isso não aconteceu.
b) Importa depois olhar para a letra da lei. Na alínea d) do n.º 1 do artigo 14.º da LADA, o legislador dá um exemplo em que a reprodução não é paga, que serve para balizar o seu entendimento: *"designadamente envio por correio eletrónico"*.
E este exemplo é elucidativo.
Se a reprodução por meio eletrónico fosse sempre gratuita, em todos os casos e sem exceção, então não haveria necessidade de dar exemplos.
Por outro lado, esse exemplo visa ilustrar aquele que foi o pensamento do legislador: só é gratuita a reprodução de documentos que já existam, previamente ao pedido, em formato eletrónico – é o caso em que se envia um documento por correio eletrónico.

b) A Lei n.º 31/2019, de 3 de maio, veio regular a utilização de dispositivos digitais de uso pessoal e permite a fotografia digital nas bibliotecas e arquivos públicos (também sem custos):
"*Artigo 4.º*
1 – A utilização de dispositivos digitais de uso pessoal para a reprodução digital de documentos é permitida nas salas de leitura das bibliotecas e arquivos públicos, sem custos acrescidos ao serviço prestado pelo simples acesso à sala de leitura.
2 – Os dispositivos digitais de uso pessoal previstos no artigo anterior que sejam utilizados nos termos da presente lei são obrigatoriamente alvo de registo por parte das bibliotecas ou arquivos públicos.
3 – Aquando do registo previsto no número anterior, é obrigatória a informação, por parte das bibliotecas e arquivos públicos, das condições de utilização e salvaguarda dos direitos de autor, nos termos da presente lei".

As regras relativas ao pedido de acesso surgem elencadas no artigo 12.º da LADA. Cinco regras fundamentais:

a) Primeira: o acesso aos documentos administrativos deve ser solicitado por escrito (n.º 1 do artigo 12.º); embora a entidade requerida possa aceitar pedidos verbais, "*devendo fazê-lo nos casos em que a lei o determine expressamente*" (n.º 3 do artigo 12.º)[67].

c) Caso assim não fosse estar-se-ia a abrir uma Caixa de Pandora, que nos conduziria a resultados absurdos.
Os requerentes passariam a solicitar na generalidade das situações a digitalização dos documentos requeridos – sejam dois ou três, ou centenas. E deixariam de ter custos com o acesso. Ao contrário da entidade requerida, que encaixaria sozinha todos os custos envolvidos.
d) Essa solução contraria, aliás, os princípios e o equilíbrio estabelecidos pelo artigo 14.º. Pretendeu-se não permitir que as entidades requeridas tivessem lucro com o acesso e fazer recair sobre o requerente os encargos associados à reprodução (e apenas esses).
No caso em apreço, com a interpretação protagonizada pela CADA, os custos – que podem ser significativos – recairiam todos sobre a entidade requerida.

[67] Note-se que a apresentação de queixa à CADA pressupõe pedido escrito de acesso ou, pelo menos, a formalização por escrito do indeferimento do pedido verbal (n.º 4 do artigo 12.º).
O recurso à fotografia digital nos termos do artigo 4.º da Lei n.º 31/2019, de 3 de maio, não exige a prévia apresentação de requerimento escrito. No entanto, os dispositivos digitais que sejam utilizados são obrigatoriamente alvo de registo (ver n.º 2 do artigo 4.º da lei n.º 31/2019).

b) Segunda: o requerimento deve conter *"os elementos essenciais à identificação do requerente, designadamente o nome, dados de identificação pessoal ou coletiva, dados de contacto e assinatura"* (n.º 1 do artigo 12.º).
E embora a lei não o diga expressamente, o requerimento deve conter ainda:
   - Os elementos essenciais à identificação dos documentos pretendidos;
   - E a forma do acesso.

c) Terceira: as entidades sujeitas à LADA devem disponibilizar no respetivo sítio da *Internet* um modelo de requerimento (n.º 2 do artigo 12.º).

d) Quarta: aos órgãos e entidades a quem se aplique a LADA incumbe prestar assistência ao público na identificação dos documentos e dados pretendidos (n.º 5 do artigo 12.º).

e) Quinta: *"Se o pedido não for suficientemente preciso, a entidade requerida deve, no prazo de cinco dias a partir da data da sua receção, indicar ao requerente a deficiência e convidá-lo a supri-la em prazo fixado para o efeito"* (n.º 6 do artigo 12.º).

Resta apresentar as regras referentes à resposta ao pedido de acesso. A primeira diz respeito ao prazo de resposta. Por norma, a entidade requerida deve responder ao pedido no prazo de 10 dias úteis (n.º 1 do artigo 15.º da LADA). Esse prazo pode, no entanto, ser prorrogado até ao máximo de dois meses, em casos excecionais, *"se o volume ou a complexidade da informação o justificarem"* (n.º 4 do artigo 15.º). A prorrogação deve ser comunicada ao requerente, com indicação dos respetivos fundamentos, no prazo de 10 dias úteis (n.º 4 do artigo 15.º).

A entidade requerida pode (e deve) adotar uma das seguintes possibilidades de resposta:

a) Informar que o documento não existe;

b) *"Informar que não possui o documento e, se souber qual a entidade que o detém, remeter-lhe o requerimento, com conhecimento do requerente"*;

c) Facultar o acesso;

d) *"Comunicar por escrito as razões da recusa, total ou parcial, do acesso ao documento, bem como quais as garantias de recurso administrativo e contencioso de que dispõe o requerente";*
e) *"Expor à CADA quaisquer dúvidas que tenha sobre a decisão a proferir, a fim de esta entidade emitir parecer"*[68] (n.º 1 do artigo 15.º da LADA).

Duas notas finais. A primeira, para sublinhar que as *"entidades não estão obrigadas a satisfazer pedidos que, face ao seu caráter repetitivo e sistemático ou ao número de documentos requeridos* [ou qualquer outra razão], *sejam manifestamente abusivos"* (n.º 3 do artigo 15.º da LADA)[69]. A segunda para acrescentar que a *"entidade requerida não tem o dever de criar ou adaptar documentos para satisfazer o pedido, nem a obrigação de fornecer extratos de documentos, caso isso envolva um esforço desproporcionado que ultrapasse a simples manipulação dos mesmos"* – pode até decidir fazê-lo, mas não está vinculada a isso (n.º 6 do artigo 13.º da LADA).

3 – As garantias dos particulares

Em caso de indeferimento do pedido de acesso (total ou parcial), de falta de resposta, ou em caso de disponibilização deficiente ou insuficiente da informação, os particulares têm à sua disposição um conjunto de garantias – meios ou vias para impugnar a atuação da entidade requerida. Fundamentalmente dois tipos de garantias: garantias administrativas e garantias contenciosas[70].

[68] Neste caso, *"a entidade requerida deve informar o requerente e enviar à CADA cópia do requerimento e de todas as informações e documentos que contribuam para convenientemente o instruir"* (n.º 2 do artigo 15.º da LADA).
Recebido o relatório da CADA, a entidade requerida tem depois 10 dias úteis para decidir e comunicar a sua decisão ao requerente. Note-se que o parecer da CADA não é vinculativo. A entidade requerida pode acompanhar a posição defendida pela CADA, ou defender fundamentadamente um outro entendimento.

[69] De acordo com o artigo 334.º do Código Civil, é *"ilegítimo o exercício de um direito, quando o titular exceda manifestamente os limites impostos pela boa fé, pelos bons costumes ou pelo fim social ou económico desse direito"*.

[70] Os particulares dispõem ainda de garantias políticas, embora por norma com menor eficácia – direitos de petição e de representação e direito de resistência (Marcelo Rebelo de Sousa, 1994/95: 538).

Quanto às garantias administrativas, e considerando aqui as mais eficazes (as repressivas), importa considerar:

a) A reclamação – impugnação junto do autor do ato (artigo 191.º e seguintes do CPA);
b) O recurso hierárquico – impugnação junto do superior hierárquico (artigos 193.º e seguintes do CPA);
c) Os recursos administrativos especiais – impugnação para órgão que exerça poderes de supervisão; para órgão que exerça poderes de tutela ou superintendência; para órgão colegial, de atos ou omissões de qualquer dos seus membros, comissões ou secções; ou para o delegante ou subdelegante dos atos praticados pelo delegado ou subdelegado (artigo 199.º do CPA)[71];
d) Queixa ao Provedor de Justiça;
e) Queixa à CADA[72].

[71] Só há lugar a recursos administrativos especiais nos casos expressamente previstos na lei (n.ºs 1 e 2 do artigo 199.º do CPA).
A utilização de meios de impugnação administrativa facultativos – reclamações e recursos – contra atos administrativos suspende o prazo de propositura de ações nos tribunais administrativos, que só retoma o seu curso com a notificação da decisão proferida sobre a impugnação administrativa ou com o decurso do respetivo prazo legal (n.º 3 do artigo 190.º do CPA).

[72] A queixa à CADA tem vindo a revelar-se o mais eficaz dos meios de impugnação administrativa, como se verá melhor adiante (Capítulo I da Parte III).
Importa, pois, apresentar aqui as principais regras que lhe estão associadas:
a) A queixa é apresentada através de requerimento dirigido ao Presidente da CADA. Deve juntar-se à queixa cópia do pedido de acesso e da resposta, caso exista;
b) A queixa deve ser apresentada no prazo de 20 dias úteis:
– Após a recusa de acesso (total ou parcial);
– Após disponibilização deficiente ou insuficiente da informação (n.º 1 do artigo 16.º da LADA);
– Ou após o decurso do prazo para a resposta da entidade requerida, se esta se mantiver em silêncio;
c) A apresentação de queixa interrompe o prazo para introdução em juízo de petição de intimação para a prestação de informações, consulta de processos ou passagem de certidões (n.º 2 do artigo 16.º da LADA);
d) Salvo em casos de indeferimento liminar, a CADA deve convidar a entidade requerida a responder à queixa no prazo de 10 dias úteis (n.º 3 do artigo 16.º da LADA);
e) A CADA tem 40 dias úteis para elaborar o correspondente relatório de apreciação da situação, enviando-o a todos os interessados (queixoso e entidade requerida) – n.º 4 do artigo 16.º da LADA;

As garantias contenciosas, efetiváveis junto dos tribunais administrativos, assumem, também aqui, particular relevância (e eficácia). De acordo com o disposto no n.º 1 do artigo 104.º do Código de Processo nos Tribunais Administrativos (CPTA): "*Quando não seja dada integral satisfação a pedidos formulados no exercício do direito à informação procedimental ou do direito de acesso aos arquivos e registos administrativos, o interessado pode requerer a correspondente intimação, nos termos e com os efeitos previstos na presente secção*"[73].

f) O parecer da CADA não é vinculativo; recebido o relatório da CADA a entidade requerida tem 10 dias úteis para comunicar ao requerente a sua decisão final, fundamentada (n.º 5 do artigo 16.º da LADA);
g) Tanto a decisão como a falta de decisão da entidade requerida podem depois ser impugnadas pelo interessado junto dos tribunais administrativos (n.º 6 do artigo 16.º da LADA).

[73] Note-se que a intimação pode ser requerida sem a apresentação prévia de queixa à CADA. São garantias independentes.

CAPÍTULO 3
A reutilização

1 – A noção de reutilização

A compreensão do regime aplicável à reutilização de documentos administrativos encalha quase sempre num obstáculo considerável: o da noção de reutilização. Não é possível apresentar as regras e princípios aplicáveis à reutilização sem primeiro entender do que se está a falar, sem perceber cabalmente que atividade é essa. O que deve entender-se por reutilização? O que a distingue afinal do acesso aos documentos administrativos? Onde termina o acesso e começa a reutilização?

O legislador decidiu dar uma ajuda, apresentando uma definição de reutilização: *"a utilização, por pessoas singulares ou coletivas, de documentos administrativos, para fins comerciais ou não comerciais diferentes do fim inicial de serviço público para o qual os documentos foram produzidos"* [alínea g) do n.º 1 do artigo 3.º da LADA][74]. Mas a verdade é que essa definição não só não ajuda, como contribui para criar ainda mais confusão. O acesso aos documentos administrativos – para

[74] Trata-se de uma reprodução fiel da definição apresentada na Diretiva 2003/98/CE do Parlamento Europeu e do Conselho, de 17 de novembro de 2003, relativa à reutilização de informações do setor público (artigo 2.º, n.º 4).
A Diretiva 2003/98/CE foi, entretanto, alterada pela Diretiva 2013/37/EU, do Parlamento Europeu e do Conselho, de 26 de junho de 2013, que não tocou, todavia, na definição de reutilização.

conhecer e controlar a atividade da Administração – pressupõe também uma utilização diferente do fim inicial de serviço público. E assim não se conseguem distinguir os dois conceitos. Será o acesso também uma reutilização?

O que está afinal em causa na reutilização? O que é a reutilização? O que a distingue do simples acesso aos documentos? Para responder a estas questões é fundamental ter presente quer os trabalhos preparatórios da Lei n.º 46/2007 (primeiro diploma nacional a regular esta matéria) quer a Diretiva 2003/98/CE, já referida.

Impõe-se num primeiro momento descortinar o objetivo ou objetivos do legislador comunitário, ao criar esta Diretiva. Para isso, é fundamental revisitar os considerandos da Diretiva e em particular os seguintes:

a) *"O setor público recolhe, produz, reproduz e divulga um largo espectro de informação em muitas áreas de atividade, como informações sociais, económicas, geográficas, meteorológicas, turísticas, empresariais e sobre patentes e educação"* (considerando 4);
b) *"Um dos principais objetivos do estabelecimento de um mercado interno é a criação de condições conducentes ao desenvolvimento de serviços à escala comunitária. A informação do setor público constitui uma importante matéria-prima para os produtos e serviços de conteúdo digital e tornar-se-á um recurso de conteúdos ainda mais importante com o desenvolvimento dos serviços de conteúdo sem fios (...). A existência de possibilidades mais vastas de reutilização das informações do setor público deverá permitir nomeadamente às empresas europeias explorar o potencial dessas informações e contribuir para o crescimento económico e a geração de emprego"* (considerando 5);
c) *"Existem diferenças consideráveis nas regras e práticas em vigor nos Estados-Membros em matéria de exploração dos recursos da informação do setor público, diferenças essas que constituem obstáculos à plena materialização do potencial económico deste recurso essencial de documentos (...). É, portanto, necessário levar a efeito uma harmonização mínima das regras e práticas nacionais de reutilização de documentos do setor público, nos casos em que as diferenças existentes na regulamentação e nas práticas nacionais, ou a ausência de clareza, impeçam o bom funcionamento do mercado interno e o desenvolvimento adequado da sociedade da informação na Comunidade"* (considerando 6);

d) *"(...) A presente diretiva em nada afeta a existência ou a detenção de direitos de propriedade intelectual de organismos do setor público, nem restringe o exercício desses direitos para além dos limites estabelecidos na presente diretiva (...)"* (considerando 22).

Uma análise atenta dos considerandos em apreço e em especial dos que foram citados permite tirar algumas conclusões, da maior utilidade para a compreensão do conceito em estudo. Primeira conclusão: a reutilização já existia no setor público, mesmo antes da publicação da diretiva e dos diplomas que a vieram transpor. Segunda conclusão: existiam diferenças importantes na regulamentação e nas práticas nacionais. Terceira conclusão: o legislador comunitário pretendeu, com esta diretiva, garantir uma harmonização mínima das regras e práticas nacionais de reutilização de documentos do setor público. Quarta conclusão: e visou com isso *"permitir nomeadamente às empresas europeias explorar o potencial dessas informações e contribuir para o crescimento económico e a geração de emprego"*.

São esses os objetivos centrais da Diretiva 2003/98/CE. Para se entender a noção de reutilização, cumpre dar um outro passo, tendo por base o referido considerando 22. Para perceber a noção de reutilização é crucial ter presente que uma parte significativa dos documentos administrativos estão protegidos pelo direito de autor. Mesmo a informação do setor público está protegida pelo direito de autor. E a realidade que o legislador comunitário relata nos considerandos tem por base essa proteção:

a) Como a informação do setor público (grande parte desta) está protegida pelo direito de autor não pode, em princípio, ser utilizada livremente;
b) Têm que ser respeitados os direitos morais e patrimoniais do titular do direito de autor;
c) Sendo que, por norma, o autor tem o direito exclusivo de dispor da sua obra e de fruí-la e utilizá-la, ou autorizar a sua fruição ou utilização por terceiro;
d) Se não existirem regras claras e que facilitem a reutilização dessa informação, podem ser impostas condições variadas – e diferentes de

país para país – que funcionarão como um obstáculo à exploração económica desta *"importante matéria-prima"*;

e) E é precisamente aí que o legislador comunitário pretende intervir.

Dito de outro modo. O que está em causa com a reutilização é a utilização económica, ou pública, da informação e não toda e qualquer utilização. O uso privado da informação é livre, não carecendo de qualquer autorização. É o que sublinha Oliveira Ascensão (1992: 200): *"Da natureza do direito patrimonial de autor resulta já que o uso privado é livre. Qualquer um pode utilizar privadamente a obra, pois aí não se estende o monopólio de exploração ou utilização económica da obra; justamente porque não há utilização pública"*.

Impõe-se assim uma leitura restritiva da definição de reutilização prevista quer na Diretiva, quer na LADA. Reutilização será *"a utilização* [pública], *por pessoas singulares ou coletivas, de documentos administrativos, para fins comerciais ou não comerciais diferentes do fim inicial de serviço público para o qual os documentos foram produzidos"*[75]. Esta leitura restritiva é a única compatível com o regime traçado na LADA (que prevê expressamente a prévia autorização para reutilização de documentos administrativos)[76]. A autorização pressupõe a utilização económica da obra (ver Código do Direito de Autor e dos Direitos Conexos). E é a única leitura que permite distinguir claramente e sem reservas as noções de acesso à informação e de reutilização[77].

[75] O direito de autor abrange direitos de carácter patrimonial e direitos de natureza pessoal, denominados direitos morais (n.º 1 do artigo 9.º do Código do Direito de Autor e dos Direitos Conexos). O núcleo do direito patrimonial é constituído pelo exclusivo de exploração económica da obra: *"O autor tem o direito exclusivo de fruir e utilizar a obra, no seu todo ou em parte, no que se compreendem, nomeadamente, as faculdades de a divulgar, publicar e explorar economicamente por qualquer forma, direta ou indiretamente, nos limites da lei"* (n.º 1 do artigo 67.º do Código do Direito de Autor e dos Direitos Conexos).
Sobre as diversas formas possíveis de utilização da obra, veja-se o artigo 68.º do Código do Direito de Autor e dos Direitos Conexos.

[76] Nos termos da alínea a) do n.º 1 do artigo 39.º da LADA, praticam contraordenação punível com coima as pessoas singulares ou coletivas que *"reutilizem documentos do setor público sem autorização da entidade competente"*.

[77] E ajuda a entender o disposto no n.º 4 do artigo 19.º da LADA: *"a troca de documentos"* no âmbito das relações interorgânicas e intersubjetivas, *"exclusivamente no* âmbito do desempenho das (...) *funções e dos fins de interesse público que lhes compete prosseguir"*, não constitui reutilização. Já não será assim se o que estiver em causa for mais do que a simples troca de documentos, ou seja, uma utilização pública ou patrimonial. Por exemplo, a realização de uma exposição.

O acesso à informação pressupõe uma determinada utilização dos documentos, a que decorre dos grandes objetivos das leis de acesso (Pratas, 2008a: 340). Quem acede à informação pode fazer uma utilização privada da mesma, sem quaisquer restrições, a não ser as que decorrem dos direitos morais do autor (por exemplo, respeito pela paternidade, genuinidade e integridade). E pode ainda utilizá-la publicamente, sem o consentimento do autor, nas situações em que está prevista a reutilização livre. É o caso, por exemplo, do cidadão que, após aceder a determinado documento da câmara municipal, o refere (lendo parte do mesmo) numa assembleia municipal, questionando a atuação do município [ver alínea d) do n.º 2 do artigo 75.º do Código do Direito de Autor e dos Direitos Conexos].

2 – Reutilização livre

Face ao exposto, resulta claro que a fixação do regime aplicável à reutilização implica uma leitura conjugada e articulada do disposto na LADA e do disposto no Código do Direito de Autor e dos Direitos Conexos.

E a primeira questão a aprofundar é a da reutilização livre de documentos administrativos. Ou seja, a reutilização de documentos sem necessidade de obtenção prévia de autorização da entidade que os detenha. Para identificação das situações em que a reutilização é livre cumpre convocar e compulsar os dois atos normativos referidos: a reutilização livre está prevista em ambos.

A primeira situação a caracterizar é a da reutilização de documentos administrativos que não constituem obras. Consideram-se obras *"as criações intelectuais do domínio literário, científico e artístico, por qualquer modo exteriorizadas, que, como tais, são protegidas nos termos deste Código (...)"* – n.º 1 do artigo 1.º do Código do Direito de Autor e dos Direitos Conexos[78]. Há muitos documentos administrativos que não são obras, sendo assim livremente reutilizáveis.

[78] As obras são em primeiro lugar criações intelectuais. Pressupõem a intervenção humana e originalidade. Um quadro pintado por um cão não é uma criação intelectual. Uma cópia perfeita de uma pintura conhecida não é uma obra literária ou artística.
As obras podem ser do domínio literário, científico e artístico. Podem provir destes três domínios. Mas assumem sempre ou a forma literária ou a forma artística.

Exemplo: um ofício a convocar uma reunião e que se limita a referir o local, dia e horário.

A segunda categoria de documentos que podem ser reutilizados livremente, sem autorização, é a dos que estão abrangidos por alguma exclusão de proteção. E cabe aqui referir três subcategorias distintas:

a) Obras oficiais
"Textos de convenções, de leis, de regulamentos e de relatórios ou de decisões administrativas, judiciais ou de quaisquer órgãos ou autoridades do Estado ou da Administração [bem como as suas traduções oficiais]" (n.º 1 do artigo 8.º do Código do Direito de Autor e dos Direitos Conexos e n.º 2 do artigo 19.º da LADA).

b) Documentos abrangidos pela exclusão prevista no artigo 7.º do Código do Direito de Autor e dos Direitos Conexos
   - *"As notícias do dia e os relatos de acontecimentos diversos com carácter de simples informações de qualquer modo divulgados"*;
   - *"Os requerimentos, alegações, queixas e outros textos apresentados por escrito ou oralmente perante autoridades ou serviços públicos"*[79];
   - *"Os textos propostos e os discursos proferidos perante assembleias ou outros órgãos colegiais, políticos e administrativos, de âmbito nacional, regional ou local, ou em debates públicos sobre assuntos de interesse comum"*;
   - *"Os discursos políticos"*[80] (n.º 1 do artigo 7.º do Código do Direito de Autor e dos Direitos Conexos).

Devem por outro lado ser exteriorizadas. A criação do espírito, para ser obra, deve ser de qualquer forma exteriorizada. Não pode permanecer no foro íntimo do autor. Tem de se exteriorizar ou manifestar por meio (ou forma de expressão) que seja captável pelos sentidos. E são obras as criações intelectuais qualquer que seja o género, a forma de expressão, o mérito, o modo de comunicação e o seu objetivo.

[79] Não é permitida a comunicação deste tipo de textos quando os mesmos *"forem por natureza confidenciais ou dela possa resultar prejuízo para a honra ou reputação do autor ou de qualquer outra pessoa, salvo decisão judicial em contrário proferida em face de prova da existência de interesse legítimo superior ao subjacente à proibição"* (n.º 4 do artigo 7.º do Código do Direito de Autor e dos Direitos Conexos).

[80] A reprodução integral, em separata, em coletânea ou noutra utilização conjunta, de discursos, peças oratórias e demais textos desta natureza só pode ser feita pelo autor ou com o seu consentimento (n.º 2 do artigo 7.º do Código do Direito de Autor e dos Direitos Conexos).

c) As fotografias que, pela escolha do seu objeto ou pelas condições da sua execução, não possam considerar-se como *"criação artística pessoal do seu autor"* (n.º 1 do artigo 164.º do Código do Direito de Autor e dos Direitos Conexos).

A lei prevê também algumas modalidades de utilização (ou reutilização) para as quais não se exige o consentimento do autor (artigos 75.º e seguintes do Código do Direito de Autor e dos Direitos Conexos). São lícitas, sem o consentimento do autor, por exemplo, as seguintes utilizações da obra:

a) A reprodução da obra para fins exclusivamente privados;
b) A reprodução e a colocação à disposição do público, pelos meios de comunicação social, para fins de informação, de discursos, alocuções e conferências pronunciadas em público que não entrem nas categorias previstas no artigo 7.º do Código do Direito de Autor e dos Direitos Conexos, por extrato ou em forma de resumo;
c) A fixação, reprodução e comunicação pública, por quaisquer meios, de fragmentos de obras literárias e artísticas, quando a sua inclusão em relatos de acontecimentos de atualidade for justificada pelo fim de informação prosseguido;
d) A reprodução, distribuição e disponibilização pública para fins de ensino e educação, de partes de uma obra publicada, contando que se destinem exclusivamente aos objetivos do ensino nesses estabelecimentos e não tenham por objetivo a obtenção de uma vantagem económica ou comercial, direta ou indireta;
e) A inserção de citações ou resumos de obras alheias, qualquer que seja o seu género e natureza, em apoio das próprias doutrinas ou com fins de crítica, discussão ou ensino, e na medida justificada pelo objetivo a atingir (n.º 2 do artigo 75.º do Código do Direito de Autor e dos Direitos Conexos).

A obra passa igualmente a ser de reutilização livre quando tenha caído no domínio público, ou seja, quando tiverem decorrido os prazos de proteção previstos no Código do Direito de Autor e dos Direitos Conexos. O direito de autora caduca, na falta de disposição especial, setenta anos após a morte do criador intelectual, mesmo que a obra só tenha sido publicada ou divulgada postumamente (artigo 31.º do Código do Direito de Autor e dos Direitos Conexos). Cai igualmente no domínio público a obra que não for licitamente publicada ou divulgada no prazo de 70 anos a contar da sua criação, quando esse prazo não seja calculado a partir da morte do autor (n.º 2 do artigo 38.º do Código do Direito de Autor e dos Direitos Conexos).

Há ainda uma quinta categoria de documentos que podem ser reutilizados sem autorização da entidade que os detenha: os documentos disponibilizados nos sítios da *Internet* pelas entidades referidas no artigo 4.º da LADA, exceto quanto exista indicação em contrário (ver n.º 1 do artigo 21.º da LADA). Ou seja, a informação que as entidades disponibilizam nos respetivos sítios – por força de obrigação legal, ou por vontade própria – é agora livremente reutilizável, salvo se essa possibilidade tiver sido expressamente afastada.

A LADA refere ainda um outro cenário capaz de afastar a reutilização livre da informação disponibilizada através da *Internet*: *"se for claro para qualquer destinatário que o documento se encontra protegido por direitos de autor ou direitos conexos"* (n.º 1 do artigo 21.º da LADA). Este preceito tem que ser lido com algumas cautelas. É que, em rigor, só é necessária autorização ou consentimento para a reutilização quando as obras estão protegidas – as obras não protegidas podem ser reutilizadas livremente, como foi referido. E o legislador não quis, certamente, autorizar a reutilização livre do que já podia ser utilizado livremente – tal seria uma redundância, um absurdo. Maior absurdo ainda, porquanto se permitiria que existisse uma *"indicação contrária"* à reutilização livre. Entende-se assim que esta norma tem que ser lida restritivamente e no seguinte sentido: está vedada a reutilização livre de documentos disponibilizados na *Internet*, mesmo sem indicação expressa nesse sentido, desde que seja facilmente apreensível que era essa a vontade da entidade que detém os direitos de autor. E essa vontade pode ser expressa por todos os meios disponíveis[81].

[81] Apesar do exposto, e da posição defendida, entende-se que esta formulação legal é particularmente infeliz, suscita problemas sérios de interpretação, devendo por isso ser alterada logo que possível.

3 – O direito de reutilização

Tal como existe um direito de acesso aos documentos administrativos, existe atualmente, inscrito na lei, um verdadeiro direito de reutilização. A Administração não pode recusar a reutilização simplesmente por não concordar com a mesma, ou por não estar interessada na utilização pública dos documentos. Como dispõe o n.º 2 do artigo 22.º da LADA: *"O pedido de reutilização do documento só pode ser indeferido com fundamento na violação de disposições legais, nomeadamente de alguma das disposições da presente lei relativa ao direito de acesso e reutilização, ou quando o órgão ou entidade já não tenha uma obrigação de elaborar, deter ou armazenar a informação"*[82].

E qual é a extensão deste direito de reutilização? Quais os seus sujeitos ativos? E quais os sujeitos passivos? A resposta à primeira questão é relativamente fácil. São reutilizáveis os documentos administrativos de acesso livre e irrestrito, ou seja, os que não estejam protegidos por uma das exceções ou restrições ao direito de acesso. E isso entende-se facilmente. Se a reutilização é a utilização pública, não pode naturalmente abranger informação de acesso reservado[83].

A lei estabelece, no entanto, duas exceções a este princípio geral. Os documentos nominativos podem ser reutilizados, desde que haja autorização do titular, disposição legal que o preveja expressamente ou quando os dados pessoais possam ser anonimizados sem possibilidade de reversão [alínea c) do artigo 20.º da LADA]. E o mesmo se passa com os documentos que contenham

[82] Não há, todavia, um direito de reutilização relativamente a documentos detidos por um conjunto de entidades, que ficaram excluídas do regime traçado na LADA:
a) Empresas de radiodifusão de serviço público, suas filiais e outras entidades que cumpram funções de radiodifusão de serviço público;
b) Estabelecimentos de ensino e investigação, incluindo organizações criadas com vista à transferência de resultados de investigação, escolas e instituições de ensino superior, com exceção das respetivas bibliotecas;
c) Pessoas coletivas públicas ou privadas que se dediquem à prestação de serviços e atividades culturais, exceto bibliotecas, museus e arquivos (n.º 3 do artigo 19.º da LADA).

[83] Embora a LADA não seja explícita a este nível, a Diretiva 2003/98/CE, com as alterações introduzidas pela Diretiva 2013/37/EU, não deixa margem para dúvidas: *"A presente diretiva não é aplicável a (...) documentos cujo acesso é restrito por força dos regimes de acesso dos Estados-Membros, incluindo o caso em que cidadãos ou empresas têm que provar um interesse particular para obter acesso a documentos"* [alínea c-A) do n.º 2 do artigo 1.º].

segredos de empresa, caso exista autorização do titular ou disposição que o preveja expressamente. Face às semelhanças que existem entre os dois casos, não poderia ser de outra forma.

A segunda exceção diz respeito a documentos livremente acessíveis, sem restrições de acesso, mas em relação aos quais não existe um direito de reutilização:

a) *"Documentos elaborados no exercício de uma atividade de gestão privada da entidade em causa"*[84]*;*
b) *"Documentos cujos direitos de autor ou direitos conexos pertençam a terceiros ou cuja reprodução, difusão ou utilização possam configurar práticas de concorrência desleal";*
c) *"Partes de documentos que contêm apenas logótipos, brasões e insígnias"* [alíneas a), b) e d) do artigo 20.º da LADA].

Os sujeitos ativos do direito de reutilização são os mesmos do direito de acesso: todos, pessoas singulares e coletivas, cidadãos nacionais e estrangeiros. E os sujeitos passivos? São sujeitos passivos do direito de reutilização as entidades previstas no artigo 4.º da LADA, com exceção daquelas a que se refere o n.º 3 do artigo 19.º da LADA.

4 – O exercício do direito de reutilização e as garantias dos particulares

Fora os casos de utilização livre, já identificados, a reutilização depende de autorização da entidade que detém os documentos e a titularidade dos direitos de autor (n.º 1 do artigo 19.º e n.º 2 do artigo 21.º da LADA)[85].

[84] Será de gestão pública a atividade administrativa exercida com base em normas de direito administrativo; e de gestão privada a atividade exercida e regulada pelo direito privado. Em relação aos documentos elaborados no exercício de uma atividade de gestão privada não há um direito de reutilização. Mas isso não impede naturalmente a reutilização, desde que devidamente autorizada. O que o legislador quis foi apenas desobrigar as entidades, nesse caso, das regras e princípios estabelecidos na LADA.

[85] O artigo 14.º do Código do Direito de Autor e dos Direitos Conexos dispõe o seguinte sobre a determinação da titularidade em casos excecionais:

O pedido de reutilização deve ser formalizado nos mesmos termos exigidos para o acesso e previstos no artigo 12.º da LADA (ver n.º 2 do artigo 21.º da LADA). Com uma ressalva: *"quando a reutilização de documentos se destine a fins educativos ou de investigação e desenvolvimento, o requerente deve indicá-lo expressamente"* (n.º 3 do artigo 21.º da LADA).

A entidade a quem foi dirigido o requerimento de reutilização deve, no prazo de 10 dias (prorrogáveis, nos casos de pedidos extensos ou complexos):

a) Autorizar a reutilização do documento, indicando, se existirem, quais as condições ou licenças aplicáveis[86];
b) Indicar as razões de recusa, total ou parcial, de reutilização do documento, bem como quais as garantias de recurso administrativo e contencioso de que dispõe o requerente (nºs 1 e 5.º do artigo 22.º da LADA).

"1 – *Sem prejuízo do disposto no artigo 174.º, a titularidade do direito de autor relativo a obra feita por encomenda ou por conta de outrem, quer em cumprimento de dever funcional quer de contrato de trabalho, determina-se de harmonia com o que tiver sido convencionado.*
2 – *Na falta de convenção, presume-se que a titularidade do direito de autor relativo a obra feita por conta de outrem pertence ao seu criador intelectual.*
3 – *A circunstância de o nome do criador da obra não vir mencionado nesta ou não figurar no local destinado para o efeito segundo o uso universal constitui presunção de que o direito de autor fica a pertencer à entidade por conta de quem a obra é feita.*
(...)".

[86] A autorização pode ser subordinada à observância de determinadas condições de reutilização. E pode ainda ser sujeita a pagamento de um valor por parte do requerente.
A LADA estabelece as regras que balizam a fixação do valor a cobrar pelas reutilizações (n.º 3 e seguintes do artigo 23.º). Sendo gratuita a reutilização de documentos disponibilizados através da *Internet*, nos termos dos artigos 10.º e 11.º da LADA, e de documentos disponibilizados para fins educativos ou de investigação e desenvolvimento (n.º 3 do artigo 23.º da LADA).
As condições de reutilização e as taxas aplicáveis, incluindo o prazo, montante e forma de pagamento e eventuais reduções ou isenções previstas, são preestabelecidas e publicitadas, sempre que possível por via eletrónica, devendo ser indicada a base de cálculo dos valores a cobrar, bem como os meios de tutela ao dispor do requerente no caso de recusa da reutilização do documento (n.º 1 do artigo 24.º da LADA). *"Quando não tenham sido fixadas, predeterminadas ou publicitadas as taxas a aplicar, e enquanto não o forem, a reutilização considera-se gratuita"* (n.º 4 do artigo 24.º da LADA).
Devem também ser disponibilizadas, através da *Internet*, listas atualizadas dos documentos disponíveis para reutilização (artigo 27.º da LADA).

Estranhamente, e ao contrário do que acontece com o acesso, não se permite à entidade requerida expor à CADA quaisquer dúvidas que tenha sobre a decisão a proferir. Não se compreende esta diferenciação, justificando-se nesta matéria a uniformidade de atuação. Sendo que a reutilização é uma matéria relativamente nova e complexa, suscitando algumas dificuldades práticas e de interpretação da lei.

Duas notas mais sobre esta matéria. A primeira para referir a existência de um regime sancionatório para a reutilização indevida ou que não cumpra a lei. Praticam contraordenação punível com coima as pessoas singulares ou coletivas que reutilizem documentos do setor público sem autorização da entidade competente, sem observar as condições de reutilização, ou sem que tenham procedido ao pagamento do valor previsto (artigo 39.º da LADA)[87].

Uma segunda nota para identificar as garantias administrativas e contenciosas dos requerentes. Para além da existência de garantias administrativas gerais (reclamação, recurso e queixa ao Provedor de Justiça), *"quando o pedido de reutilização (...) seja total ou parcialmente indeferido, o interessado pode apresentar queixa à CADA nos termos do artigo 16.º, aplicando-se as suas correspondentes disposições quanto à petição de intimação da entidade requerida para autorização da reutilização, que pode ser apresentada junto do tribunal administrativo competente, nos termos previstos no Código de processo nos Tribunais Administrativos"* (artigo 26.º da LADA).

[87] A instrução do processo de contraordenação compete aos serviços da Administração Pública que tenham detetado a infração, podendo ser completada pelos serviços de apoio da CADA (n.º 1 do artigo 40.º da LADA). A aplicação de coimas é competência exclusiva da CADA (n.º 2 do artigo 40.º da LADA).

PARTE III
A CADA E OS RESPONSÁVEIS PELO ACESSO

CAPÍTULO 1
A CADA

1 – Natureza, missão e composição

Como foi já referido, o legislador, para além de regular o direito de acesso à informação administrativa, o exercício desse direito, as garantias dos particulares, bem como o direito de reutilização, optou, à semelhança do que fez o legislador francês, por criar duas figuras institucionais (específicas) com o objetivo de promover o cumprimento da lei e a promoção da transparência administrativa: a CADA (Comissão de Acesso aos Documentos Administrativos) e os denominados responsáveis pelo acesso.

Pode mesmo dizer-se que os três instrumentos fundamentais da política pública de Administração aberta (em Portugal) são: o direito de acesso (um amplo direito de acesso) à informação administrativa; a CADA; e os responsáveis pelo acesso.

A CADA tem como missão fundamental *"zelar pelo cumprimento das disposições da"* LADA (n.º 1 do artigo 28.º da LADA) – e, por essa via (e não só), promover a transparência administrativa, a existência de uma Administração aberta (artigo 2.º da LADA). Missão que desenvolve em articulação e estreita ligação com os responsáveis pelo acesso.

Por opção do legislador, a CADA é uma entidade administrativa independente, que funciona junto da Assembleia da República (n.º 1 do artigo 28.º da

LADA). Dispõe de orçamento anual, cuja dotação é inscrita no orçamento da Assembleia da República (n.º 2 do artigo 28.º da LADA). E dispõe de serviços próprios de apoio técnico e administrativo, previstos em regulamento orgânico aprovado em diploma próprio (artigo 35.º da LADA).

Para garantir uma efetiva independência, a CADA tem uma composição alargada e heterogénea. É composta por 11 membros:

a) Um juiz conselheiro do Supremo Tribunal Administrativo, designado pelo Conselho Superior dos Tribunais Administrativos e Fiscais, que preside;
b) Dois deputados eleitos pela Assembleia da República, sendo um sob proposta do grupo parlamentar do maior partido que apoia o Governo e o outro sob proposta do maior partido da oposição;
c) Um professor de Direito designado pelo Presidente da Assembleia da República;
d) Duas personalidades designadas pelo Governo;
e) Uma personalidade designada por cada um dos Governos Regionais;
f) Uma personalidade designada pela Associação Nacional de Municípios Portugueses (ANMP);
g) Um advogado designado pela Ordem dos Advogados;
h) Um membro designado, de entre os seus vogais, pela Comissão Nacional de Proteção de Dados (n.º 1 do artigo 29.º da LADA).

A composição prevista em lei tem vindo a manter-se inalterada, apesar das sucessivas alterações à LADA – era já essa a composição prevista na Lei n.º 65/93, de 26 de agosto (artigo 19.º). E é assim, porque essa composição alargada e plural garante, efetivamente, a independência e imparcialidade da CADA, a par de uma atuação eficaz.

Essa independência é reforçada pelo estatuto dos membros da CADA. Por norma, os mandatos são de três anos, cessando apenas com a posse dos novos titulares (n.º 4 do artigo 29.º da LADA). Só não é assim no caso dos deputados eleitos pela Assembleia da República: são eleitos no início de cada legislatura e pela duração desta (n.º 5 do artigo 29.º da LADA). Para além disso, os membros da CADA são inamovíveis, não podendo as suas funções cessar antes do termo do mandato, salvo nos seguintes casos:

a) Morte;
b) Impossibilidade física permanente ou com uma duração que se preveja ultrapassar a data do termo do mandato;
c) Renúncia ao mandato;
d) Perda do mandato (n.º 4 do artigo 32.º da LADA)[88].

Não é necessário que os membros da CADA tenham formação jurídica, embora sejam exigidas competências ao nível da interpretação da lei (ver ponto 2)[89]. Há três elementos que têm obrigatoriamente formação jurídica: o Presidente da CADA (juiz conselheiro do STA), a personalidade designada pelo Presidente da Assembleia da República (professor de Direito) e a personalidade designada pela Ordem dos Advogados (advogado). Os restantes podem ou não possuir tal formação. Apesar do exposto, historicamente os membros da CADA têm sido, quase sempre, juristas.

Nota final sobre a composição da CADA. A existência de uma composição alargada e plural tem como objetivo fundamental a independência do órgão. Essa composição de 11 elementos apresenta, no entanto, uma outra vantagem: é possível trazer para a discussão e reflexão conhecimento, experiência e sensibilidades distintas. Essa diversidade de conhecimento, experiências e opiniões constitui uma das maiores riquezas da CADA. E é neste quadro, de pluralidade, que se questiona o facto de a Associação Nacional de Freguesias (ANAFRE) não poder designar, também, neste momento, qualquer elemento para a CADA. É verdade que a ANMP já designa um dos membros da CADA. Não obstante, a ANMP não representa as autarquias locais, todas as autarquias; para além disso, as freguesias apresentam várias particularidades e uma maior dificuldade no cumprimento da LADA, ou de algumas das disposições da LADA – realidade reconhecida pelo próprio legislador (ver n.º 6 do artigo 10.º e n.º 3 do artigo 46.º, ambos da LADA).

[88] Perdem o mandato os membros da CADA que venham a ser abrangidos por incapacidade ou incompatibilidade prevista na lei ou que faltem, no mesmo ano civil, a três reuniões consecutivas ou a seis interpoladas, salvo motivo justificado (n.º 6 do artigo 32.º da LADA).

[89] Como se verá melhor no ponto seguinte, os projetos de parecer e as deliberações são elaborados pelos membros da CADA, mas sempre com o apoio dos serviços técnicos.

2 – Competências

A missão da CADA é concretizada através de um conjunto de competências, previstas expressamente no artigo 30.º da LADA. Para compreender melhor não só a lei, mas também a prática dessas competências, optou-se por fazer a exegese desse artigo da LADA em conjugação com a análise dos últimos relatórios de atividades da CADA, disponíveis no respetivo sítio da *Internet* (2013, 2014 e 2015). Pretende-se traçar um quadro comparativo, colocando em destaque, por um lado, aquela que foi a vontade expressa do legislador e, por outro, a prática, a visão e as prioridades estabelecidas pela CADA, nestes últimos anos.

O legislador individualiza 10 competências no referido artigo 30.º da LADA. É possível, no entanto, enquadrar tais competências em quatro tipos fundamentais:

a) Competências centrais (que visam contribuir para uma maior efetividade e eficácia da lei)
   - Apreciar queixas (referentes a pedidos de acesso e a pedidos de reutilização);
   - Emitir parecer sobre o acesso aos documentos administrativos;
   - Emitir parecer sobre a comunicação de documentos entre serviços e organismos da Administração Pública, a pedido da entidade requerida ou da interessada;
   - Emitir deliberações sobre aplicação de coimas nos processos de contraordenação previstos na LADA;

b) Competências complementares (que visam contribuir para uma maior efetividade da lei)
   - Pronunciar-se sobre o sistema de registo e de classificação de documentos;
   - Contribuir para o esclarecimento e divulgação das diferentes vias de acesso aos documentos administrativos[90];

[90] Com o objetivo de assegurar esse esclarecimento, dispõe o legislador que os pareceres da CADA são publicados nos termos do regulamento interno (n.º 3 do artigo 30.º da LADA).

c) Competências prospetivas (de avaliação e de apresentação de propostas de reforma)
   - Elaborar um relatório anual sobre a aplicação da LADA e a atividade da CADA, a enviar à Assembleia da República e ao Primeiro-Ministro;
   - Elaborar um relatório, de três em três anos, sobre a disponibilização de informação do setor público para reutilização e sobre as condições da sua disponibilização;
   - Emitir parecer sobre a aplicação da presente lei, bem como sobre a elaboração e aplicação de diplomas complementares, por sua iniciativa ou a solicitação da Assembleia da República, do Governo ou de outras entidades abrangidas pelo âmbito de aplicação subjetivo da LADA;
d) Competências instrumentais (assumem um papel instrumental em relação às restantes)
   - Elaborar a sua regulamentação interna, a publicar na 2.ª série do Diário da República.

Para garantir o exercício dessas competências, é estabelecido um dever de cooperação da Administração:

> *"1 – Todos os dirigentes, funcionários e agentes dos órgãos e entidades a quem se aplique a presente lei têm o dever de cooperação com a CADA, sob pena de responsabilidade disciplinar ou de outra natureza, nos termos da lei.*
> *2 – Para efeitos do número anterior devem ser comunicadas todas as informações relevantes para o conhecimento das questões apresentadas à CADA no âmbito das suas competências"* (artigo 31.º da LADA).

E para agilizar a resposta, permite-se a possibilidade de a CADA delegar no seu Presidente poderes para apreciar e decidir:

a) Queixas manifestamente infundadas ou extemporâneas;
b) Desistências;
c) Casos de inutilidade superveniente;

d) Queixas sobre questões que já tenham sido apreciadas pela CADA de modo uniforme e reiterado (n.º 2 do artigo 34.º da LADA)[91].

Compulsados os relatórios de atividades da CADA de 2013 a 2018, foi possível constatar que o essencial da sua atividade surge associado ao exercício das competências centrais, ligadas fundamentalmente ao direito de acesso.

No que respeita ainda a esse tipo de competências merece particular destaque o elevado grau de eficácia da CADA, quer na resolução de conflitos, quer no esclarecimento de dúvidas. Como se verá melhor no quadro junto, na esmagadora maioria dos casos as entidades requeridas acolhem – sem reservas – os pareceres da CADA.

Verificou-se também uma atividade muito relevante no que respeita a atendimentos, prestação de informações e esclarecimentos dos cidadãos e dos serviços públicos. É patente que a CADA tem privilegiado o contacto individual, de forma reativa, ou seja, na sequência de questões colocadas por particulares ou serviços, em detrimento de ações gerais, de informação, sensibilização ou formação.

No que respeita às competências prospetivas, foi possível constatar que a CADA todos os anos elabora um relatório de atividades, focado essencialmente no trabalho desenvolvido – e menos na avaliação da aplicação da LADA. E compreende-se: não é fácil elaborar todos os anos um relatório sobre a aplicação da lei, tal como estabelece a LADA [alínea g) do n.º 1 do artigo 30.º da LADA]. Seria talvez preferível cindir as duas matérias – a aplicação da lei

[91] A delegação desta última competência tem que ser vista com alguma cautela. Percebe-se o objetivo: aliviar a CADA de processos que não suscitam grandes dúvidas. Mas esta delegação encerra vários perigos: desde logo, o da cristalização de posições. A CADA tem vindo a mudar de posição relativamente a várias matérias, ao longo dos tempos, e isso é sinal de vitalidade, de evolução, de permeabilidade ao contexto. Com a delegação desta competência a doutrina da CADA cristaliza-se.
Será, assim, prudente não proceder à delegação logo no início de cada mandato. Mudando a composição da CADA é possível que surjam entendimentos diversos dos anteriormente expressos. É fundamental dar algum tempo para que a doutrina da CADA seja submetida ao escrutínio dos novos membros; e só depois disso, e passado algum tempo, se deverá proceder à delegação.
Esta alínea suscita ainda uma outra questão: não se entende a razão que levou o legislador a permitir a delegação no caso de queixas e não no de pedidos de parecer sobre questões que tenham também já sido apreciadas pela CADA de modo uniforme e reiterado.

e a atividade da CADA. E associar a avaliação da aplicação da lei a períodos mais alargados – por exemplo, de três em três ou de cinco em cinco anos[92].

Para além da elaboração desse relatório, verificou-se ainda – nesse plano, mais prospetivo – que a CADA é chamada todos os anos a pronunciar-se sobre propostas ou projetos de atos normativos. Os relatórios de atividades integram – todos eles – sínteses das posições defendidas pela CADA, através desses pareceres.

COMISSÃO DE ACESSO AOS DOCUMENTOS ADMINISTRATIVOS
Relatórios de Atividades – 2013 a 2018

Competências	2013	2014	2015	2016	2017	2018
N.º de sessões	11	11	10	10	11	11
Competências centrais						
– Processos findos	635	694	824	842	773	1047
– Pareceres emitidos	393	461	498	567	404	556
– Findos sem parecer	238	222	263	261	325	433
– Grau de eficácia	94%	91%	89%	88%	85%	84%
Competências complementares						
– Ações individuais (correio eletrónico e chamadas telefónicas)	493	632	742	835	979	1114
– Ações de sensibilização, formação, etc.	3	3	3	1	3	4
Competências prospetivas						
– Relatório de atividades	1	1	1	1	1	1
– Pareceres sobre atos normativos	3	12	4	5	1	4

92 Incluindo-se aí, por exemplo, a avaliação a que se refere a alínea h) do n.º 1 do artigo 30.º da LADA, bem como uma apreciação sobre a divulgação ativa da informação administrativa – elaborando-se um único relatório (global).

CAPÍTULO 2
Os responsáveis pelo acesso

1 – O passado e o presente

Para promover o cumprimento da lei, o legislador estabeleceu, logo em 1993, a obrigatoriedade (para a Administração) de designação de responsáveis pelo acesso[93].

A Lei n.º 46/2007, de 24 de agosto, veio alargar o leque de entidades obrigadas a designar um responsável pelo acesso: as empresas públicas e as empresas municipais, intermunicipais e metropolitanas passaram também a estar vinculadas à designação de um responsável. Para além disso, deixou de se falar em *"entidade responsável"* pelo cumprimento da lei e passou a falar-se apenas em *"responsável"*.

Apesar do exposto, durante muitos anos esta figura jurídica teve uma existência meramente virtual – na letra da lei. As entidades visadas não designaram responsáveis pelo acesso, na maior parte dos casos por desconhecimento. E como referia o autor já em 2008: *"Independentemente do estudo referido, conduzido pela CADA, e dos resultados (pouco animadores) a que chegou, a verdade é*

[93] *"Em cada departamento ministerial, secretaria regional, autarquia, instituto e associação pública existe uma entidade responsável pelo cumprimento das disposições da presente lei"* (artigo 14.º da Lei n.º 65/93, de 26 de agosto).

que, em Portugal, não se sente, nem levemente, a presença dos responsáveis pelo acesso" (2008b: 588). E acrescentava-se ainda o seguinte:

> *"Pode dizer-se, pois, com segurança, que a lei não foi cumprida. Isso conduz naturalmente a algumas questões essenciais:*
> - *Perdeu-se alguma coisa?*
> - *As coisas teriam sido diferentes se as entidades tivessem designado os seus responsáveis, como prevê a lei?*
> - *Ao que parece «ninguém» sente necessidade de proceder à designação dos responsáveis. Faz sentido manter na lei a obrigatoriedade de designação?"* (2008b: 588).

Essas questões tinham um objetivo claro: suscitar a reflexão e contribuir para a adoção de medidas concretas – e, por essa via, inverter a situação. É que os responsáveis pelo acesso podem desempenhar um papel fundamental na promoção da transparência administrativa – era e é essa a nossa convicção. São os agentes mais próximos dos serviços, que melhor conhecem a realidade e as especificidades de cada entidade. Só com responsáveis pelo acesso, ativos, capacitados para a sua missão, e muita persistência, é que será possível combater eficazmente a resistência cultural ao acesso, que continua a imperar em muitos serviços públicos (Pratas, 2013: 73)[94]. A CADA pode ajudar, mas não se substitui aos responsáveis pelo acesso – que integram a própria organização.

No estudo referido, de 2008 (2008b: 589), eram apontadas pistas para se alterar a situação existente:

> *"A CADA pode assumir nesta matéria um outro papel, bem mais ativo. À semelhança do que tem vindo a fazer a CADA francesa, seria importante, num primeiro momento: a) desenhar e concretizar uma forte campanha de informação e sensibilização; e b) elaborar e disponibilizar amplamente um*

[94] Continuamos a ter uma cultura na Administração Pública contrária aos princípios da Administração Aberta (Pratas, 2016b: 424). A primeira pergunta que se faz quando alguém solicita o acesso a documentos administrativos é: quer a informação para quê? Essa pergunta só faz sentido para certo tipo de documentos. Por norma, e como foi visto, o requerente não tem necessidade de justificar o seu pedido de acesso (artigo 5.º da LADA).

guia dos responsáveis pelo acesso. Esta intervenção da CADA teria certamente um impacto bastante positivo – sobretudo ao nível do número de responsáveis designados.
Para além dessa intervenção inicial (e que poderia começar de imediato), num segundo momento, seria também determinante:

a) Dinamizar o trabalho dos responsáveis, por todos os meios (criar canais privilegiados de acesso à informação, organizar ações de formação, encontros temáticos, etc.);
b) Refletir sobre o desenho legal da figura[95]*; e*
c) Elaborar e aplicar um questionário dirigido aos responsáveis designados (para os conhecer melhor)".

E o que é que aconteceu de 2008 para cá? Mudou alguma coisa? A CADA passou a ter uma intervenção diferente? A lei mudou? Houve de facto algumas mudanças – e globalmente positivas. Que mudanças foram essas? Sobretudo a três níveis:

a) Na área da saúde foram dados passos muito importantes, havendo hoje uma cobertura de 70% de serviços com responsáveis pelo acesso (ver nota introdutória do Relatório de atividades da CADA de 2013);
b) A CADA passou a assumir esta matéria como uma prioridade; pelo menos é o que se afirma expressamente nos Relatórios de Atividades de 2013, 2014 e 2015 (ver notas subscritas pelo Presidente da CADA);
c) E a nova LADA introduziu alterações positivas, estendendo a obrigação de designar responsáveis pelo acesso a mais entidades e explicitando as respetivas competências:
"Cada órgão ou entidade referida no n.º 1 do artigo 4.º deve designar um responsável pelo cumprimento das disposições da presente lei, a quem compete nomeadamente organizar e promover as obrigações de divulgação ativa de informação a que está vinculado o órgão ou entidade, acompanhar a tramitação dos pedidos de acesso e reutilização e estabelecer a articulação necessária ao exercício

[95] Questionava-se (e questiona-se), por exemplo, a obrigatoriedade de designação de responsável pelo acesso em entidades muito pequenas, como é o caso de um número significativo de freguesias – ver Pratas, 2008b: 589 (nota 20).

das competências da Comissão de Acesso aos Documentos Administrativos, doravante designada por CADA" (artigo 9.º da LADA).

Essas mudanças são positivas e animadoras. Sobretudo porque denotam que não se desistiu, que continua a haver quem acredite no papel importante dos responsáveis pelo acesso. Não obstante, são manifestamente insuficientes. Há ainda um longo caminho a percorrer. Tirando a área da saúde, continua tudo praticamente na mesma – ou seja, a grande maioria das entidades referidas no n.º 1 do artigo 4.º da LADA continua sem ter responsável pelo acesso.

2 – E agora?

O caminho percorrido cria condições únicas para se poder avançar significativamente nesta área. A experiência com os responsáveis do acesso na área da saúde – conhecidos como RAI – é globalmente positiva e animadora. E é uma experiência que tem muito a ensinar e que pode ser replicada. Por outro lado, a maior sensibilidade e abertura da CADA são fatores críticos para a mudança – é que a CADA tem aqui um papel essencial, como veremos de seguida. Para além disso, o facto de o legislador atribuir novas competências ao responsável pelo acesso – *"organizar e promover as obrigações de divulgação ativa de informação a que está vinculado o órgão ou entidade"* – vem também reforçar a necessidade da sua designação.

E a CADA tem aqui (ou pode ter) um papel muito importante. Na maior parte das situações, as entidades não conhecem esta obrigatoriedade, nem estão sensibilizadas para a intervenção do responsável pelo acesso. A CADA pode conceber e implementar uma forte campanha de informação e sensibilização, como fez em tempos a CADA francesa (2008b: 580 e seguintes). Esse deverá ser o primeiro passo. Mas a intervenção da CADA não deve ficar apenas pela informação e sensibilização. Como se defendia já em 2008, seria importante que o plano de intervenção para esta área tivesse em consideração, pelo menos, os seguintes eixos:

"*a) CRESCIMENTO*

Importa em primeiro lugar aumentar significativamente o número de responsáveis existentes.

Para isso, seria muito importante concretizar uma forte campanha de informação e sensibilização.

b) AJUDA

Os responsáveis pelo acesso terão, sobretudo nos primeiros tempos, algumas dificuldades. É importante criar uma rede de apoio, de modo a resolver as principais dúvidas que surjam.

Para além do atendimento telefónico e da resposta individualizada a dúvidas, a CADA poderia ainda criar um guia dos responsáveis pelo acesso.

c) ANIMAÇÃO

Estando criada e em atividade uma rede alargada de responsáveis é ainda necessário dinamizar, por todos os meios, o seu trabalho: criar canais privilegiados de acesso à informação, organizar ações de formação, encontros temáticos, etc.

d) ESTUDO E REFLEXÃO

A CADA poderia também promover, ela própria, a reflexão sobre a alteração do desenho legal da figura.

E poderia, ao fim de algum tempo, elaborar e aplicar um questionário para conhecer melhor os responsáveis e o trabalho por estes realizado" (2008b: 590-591).

NOTAS FINAIS

1 – A nova LADA. Breve balanço

A nova LADA entrou em vigor no dia 1 de outubro de 2016. Apesar de surgir associada a objetivos meritórios, esta nova lei acabou por introduzir obstáculos sérios à transparência e ao acesso à informação. Representa, pois, um retrocesso quer em matéria de transparência do Estado, quer no campo do combate à corrupção.

Apesar do exposto, do impacto desta alteração, a verdade é que o processo legislativo e a publicação da lei passaram completamente ao lado do debate no espaço público e da comunicação social. Comunicação social a quem passará a ser recusada informação e documentos que anteriormente eram de acesso livre e sem restrições.

Mas concretizemos um pouco mais estas conclusões e este balanço. A primeira nota é para dizer que havia, efetivamente, necessidade de alterar a lei. A transparência administrativa padecia (e infelizmente continua a padecer) de um conjunto de fragilidades, conhecidas. Fundamentalmente três fragilidades:

a) A existência de uma cultura organizacional pouco favorável à promoção de uma Administração Aberta.
b) Elevados custos associados ao acesso aos documentos. Fragilidade que podia e devia ser ultrapassada com a criação de obrigações de

divulgação ativa da informação, designadamente através dos sítios da *Internet.*

c) O facto de a maioria dos cidadãos continuar a não compreender o papel que lhe cabe no processo de controlo democrático, continuando a centralizar o ideal de cidadania nos direitos individuais em detrimento das responsabilidades/deveres coletivos (Luís de Sousa e João Triães, 2008: 71).

Pois bem, embora reconhecendo que a lei não é panaceia para todos os problemas, impunha-se a implementação de medidas concretas, com impacto no quadro em referência. E a verdade é que isso não aconteceu – pelo menos de forma satisfatória.

Em matéria de divulgação ativa da informação há avanços, mas são ainda insuficientes – a lei não prevê sanções para os incumpridores, nem uma monitorização (específica) da aplicação das regras e princípios. Corre-se o risco de pouco ou nada mudar. E não foram tomadas quaisquer medidas para promoção de uma cultura de transparência nos serviços públicos. Por exemplo, atribuir competências expressas à CADA para promover a designação dos responsáveis pelo acesso – e apoiar o respetivo trabalho.

O pior é que não só se perdeu a oportunidade para resolver problemas existentes, como se introduziram alterações que vieram agravar substancialmente as condições de acesso à informação. Vejamos um exemplo: é alterado o conceito de documento nominativo. Com a nova LADA qualquer dado pessoal – o nome de uma pessoa, o seu número de contribuinte, a sua profissão, filiação, habilitações literárias, etc. – passou a constituir informação de acesso reservado, só disponível ao próprio, a terceiro com autorização do titular ou terceiro com um interesse direto, pessoal e legítimo[96]. Pergunta-se: como é que é possível controlar a atividade da Administração, ou fazer uma investigação jornalística minimamente séria sem ter acesso a dados pessoais? Como é que é possível agora, por exemplo, fazer uma investigação sobre o percurso académico de uma determinada figura pública? Como é que é possível

[96] Anteriormente isso só acontecia com os dados pessoais sensíveis: informação de saúde, sobre a filiação política ou sindical, opções religiosas, etc.

perceber se houve ou não uma decisão parcial, num dado caso, sem conhecer a identidade dos beneficiários?

A nova LADA representa, pois, uma oportunidade perdida. E simultaneamente um retrocesso – retrocesso que surge em claro contraciclo. Mas o que é mais espantoso é que ninguém deu por nada.

2 – A nova LADA. Principais alterações

Apresentam-se de seguida as principais alterações introduzidas pela nova LADA, agrupadas em três categorias:

POSITIVAS	**NEGATIVAS**	**SEM IMPACTO RELEVANTE**
Aposta séria na divulgação ativa da informação. A nova LADA é já uma lei de terceira geração.	Alterações ao artigo 4.º (âmbito de aplicação subjetivo).	Se a informação já estiver disponível na *Internet*, permite-se à entidade requerida que se limite a indicar a sua localização (n.º 5 do artigo 13.º).
A LADA passou a regular também o acesso à informação ambiental.	Definição de documento administrativo.	
Reutilização gratuita de documentos disponibilizados através da *Internet*.	Definição de documento nominativo.	
A nova LADA veio estender a obrigação de designar responsáveis pelo acesso a mais entidades e veio também explicitar as respetivas competências.	Alterações ao artigo 6.º (restrições ao direito de acesso).	
	Alteração das regras sobre intermediação médica.	

3 – A nova LADA. Pontos críticos e propostas de alteração

Ao longo do presente estudo foram identificadas lacunas, incongruências e outros aspetos da lei a merecer reforma – pontos críticos. E foram também avançadas propostas ou soluções para os problemas identificados. Sistematizam-se e sintetizam-se agora tais pontos críticos e as propostas de alteração:

PONTOS CRÍTICOS	PROPOSTAS DE ALTERAÇÃO
A LADA não prevê mecanismos específicos de monitorização da divulgação ativa de informação. Mecanismos que seriam fundamentais para garantir o cumprimento da lei.	Nova competência da CADA: elaboração de um relatório de monitorização da divulgação ativa da informação, de três em três anos, como previsto para a reutilização. ARTIGO 30.º
São acrescentadas duas novas alíneas no elenco dos sujeitos passivos da LADA. Alíneas redundantes, que nada acrescentam e criam confusão.	Eliminação das alíneas g) e h) do n.º 1 do artigo 4.º. ARTIGO 4.º
O legislador não deveria estender a aplicação da lei a toda a atividade das pessoas coletivas privadas.	Para essas entidades o critério deve ser outro: o da possibilidade de controlo da atividade administrativa, ou a fiscalização da aplicação de dinheiros e valores públicos. O direito de acesso deveria ficar circunscrito a essas atividades. ARTIGO 4.º
A expressão órgãos de soberania – acrescentada pelo legislador no n.º 1 do artigo 4.º – não só não clarifica, como complica.	Nada a justifica, devendo ser eliminada em futura revisão da lei. ARTIGO 4.º
A definição de documento administrativo encerra dois problemas: - Confunde-se documento e informação; - E tudo indica que os documentos detidos pelas entidades referidas no artigo 4.º são administrativos – o que não é verdade.	Propõe-se alterar a definição: Documento administrativo é qualquer suporte de informação, sob forma escrita, visual, sonora, eletrónica ou outra forma material, produzido ou recolhido no exercício de uma atividade administrativa. ARTIGO 3.º

Alteração da definição de documento nominativo. Documento nominativo passa a ser qualquer documento que integre dados pessoais. Opera-se uma amputação perigosa do princípio da Administração aberta, em violação do n.º 2 do artigo 268.º da CRP.	Propõe-se: - Adotar o anterior conceito de documento nominativo – o da LADA de 2007; - Sempre que esteja em causa o acesso a dados pessoais (não sensíveis), exigir a fundamentação do pedido. E garantir o acesso, desde que tais dados sejam efetivamente necessários para o controlo da atividade administrativa (e apenas nessa situação). ARTIGOS 3.º e 5.º
Alterações várias ao artigo 6.º: - Introdução de restrições que suscitam muitas dúvidas; - Exclusão do segredo de justiça.	Propõe-se: - Eliminar os nºs 2 e 7 do artigo 6.º; - Acrescentar o segredo de justiça. ARTIGO 6.º
Interpretação da alínea b) do n.º 2 do artigo 17.º do Decreto-Lei n.º 16/93, de 23 de janeiro (na redação que lhe foi conferida pela nova LADA). Sempre que não seja conhecida a data da morte do titular dos dados, o acesso a documentos nominativos passa a ser livre decorridos 40 anos sobre a data dos documentos, *"mas não antes de terem decorrido 10 anos sobre o momento do conhecimento da morte"*. Pergunta-se: conhecimento da morte por quem? Pelo requerente?	Propõe-se clarificar o sentido e alcance deste preceito. ARTIGO 17.º do Decreto-Lei 16/93
Tratamento diferenciado da utilização indevida da informação nominativa e dos "segredos de empresa". No primeiro caso: - Refere-se que qualquer utilização indevida implica responsabilidade por perdas e danos e responsabilidade criminal; - E criminalizam-se as declarações falsas. E não se prevê tal regime para os "segredos de empresa".	Propõe-se tratamento igual nas duas situações. ARTIGOS 8.º e 38.º

Não se compreende a possibilidade de intermediação médica no acesso por terceiros *"nos termos da lei"*. Nem a obrigatoriedade de intermediação médica *"na impossibilidade de apuramento da vontade do titular"*.	Propõe-se que se retire do n.º 1 do artigo 7.º a expressão: *"ou nos termos da lei"*. E a revogação do n.º 2 do artigo 7.º. ARTIGO 7.º
Se o documento requerido estiver disponível na *Internet*, a entidade requerida pode limitar-se a indicar a exata localização, *"salvo se o requerente demonstrar impossibilidade de utilização desta forma de acesso"* (n.º 5 do artigo 13.º). Esta exigência é excessiva e inaceitável.	Deveria ser bastante a simples manifestação de vontade do requerente (insistindo no pedido inicial), em vez da demonstração da impossibilidade de acesso através da *Internet*. ARTIGO 13.º
No n.º 1 do artigo 12.º é identificada a informação que deve constar do requerimento de acesso. O legislador esqueceu-se, no entanto, de dois elementos – que são essenciais: - Os elementos essenciais à identificação dos documentos pretendidos; - E a forma do acesso.	Propõe-se que sejam acrescentados tais elementos. ARTIGO 12.º
O n.º 1 do artigo 21.º permite a reutilização livre da informação disponibilizada através da Internet, salvo *"se for claro para qualquer destinatário que o documento se encontra protegido por direitos de autor ou direitos conexos"*. Esta formulação é infeliz e suscita muitas dúvidas.	Propõe-se a alteração da atual redação, para evitar quaisquer dúvidas. ARTIGO 21.º
A lei não prevê a possibilidade de a entidade requerida colocar dúvidas à CADA sobre pedidos de reutilização – ao contrário do que acontece com os pedidos de acesso. A reutilização suscita muitas dúvidas, por ser matéria nova e complexa. A LADA deveria prever a possibilidade de consulta à CADA.	Propõe-se que a LADA preveja expressamente essa possibilidade. ARTIGO 22.º

Apesar de integrar diferentes sensibilidades, a CADA não integra nenhuma personalidade ligada às freguesias.	Propõe-se que a CADA passe a integrar uma personalidade designada pela ANAFRE. ARTIGO 29.º
A CADA pode delegar no seu Presidente poderes para apreciar e decidir queixas sobre questões que já tenham sido apreciadas de modo uniforme e reiterado. Mas não se prevê a mesma possibilidade para pedidos de parecer.	Propõe-se que a possibilidade de delegação seja estendida aos pedidos de parecer. ARTIGO 34.º
A lei atribui à CADA a competência para elaborar um relatório anual sobre a respetiva atividade e sobre a aplicação da LADA. A CADA não tem cumprido esta competência, na parte respeitante à aplicação da LADA.	Propõe-se cindir as duas matérias – a aplicação da lei e a atividade da CADA. E associar a avaliação da aplicação da lei a períodos mais alargados. ARTIGO 30.º
Questiona-se se faz sentido a obrigatoriedade de designação de responsável pelo acesso em entidades muito pequenas.	Propõe-se que a obrigatoriedade abranja apenas as freguesias com 10 000 ou mais eleitores. ARTIGO 9.º
A LADA não atribui competência expressa à CADA para promover a designação dos responsáveis pelo acesso e apoiar o respetivo trabalho.	Seria importante que o fizesse. ARTIGO 30.º

REFERÊNCIAS BIBLIOGRÁFICAS

Ackerman, John M. e Irma E. Sandoval (2005), "Leyes de Acceso a la Información en el Mundo", *in* http://www.ifai.org.mx, em agosto de 2017.

Araujo, Maria Carmen Ramilo (2003), "Gobierno Electrónico en la Práctica: Experiencias de Interés en la CAPV", *Revista Vasca de Administración Pública*, n.º 67, Septiembre-Diciembre.

Ascensão, José de Oliveira (1992), *Direito Civil. Direito de Autor e Direitos Conexos*, Coimbra, Coimbra Editora.

Ascensão, José de Oliveira (2004), "A reutilização de documentos do sector público", *in Direito da Sociedade da Informação*, Volume V, Coimbra, Coimbra Editora.

Beetham, David (1988), *A burocracia*, Lisboa, Editorial Estampa.

Benítez, Maria Isabel Martín (2003), "Administración Pública y nuevas tecnologías: hacia la Administración electrónica", *Revista Iberoamericana de Administración Pública*, n.º 10, Enero-Junio.

Bobbio, Norberto (1988), *O Futuro da Democracia*, Lisboa, Publicações Dom Quixote.

Canotilho, Gomes e Vital Moreira (1993), *Constituição da República Portuguesa Anotada*, 3.ª Edição revista, Coimbra, Coimbra Editora.

Canotilho, Gomes e Vital Moreira (2014), *Constituição da República Portuguesa Anotada*, Volume I, Coimbra, Coimbra Editora.

Cardoso, Gustavo (2005), "Internet: uma tecnologia de poder" *in* Gustavo Cardoso, Susana Nascimento, Ângela Morgado e Rita Espanha, *Democracia Digital. Eleitos e Eleitores na Era da Informação*, Oeiras, Celta Editora.

Carvalho, Raquel (1999), *O Direito à Informação Administrativa Procedimental*, Porto, Publicações Universidade Católica.

Carvalho, Raquel (2000), *Lei de Acesso aos Documentos da Administração*, Porto, Publicações Universidade Católica.

Castells, Manuel (2004), "A Internet e a sociedade em rede", *in* José Manuel Paquete de Oliveira, Gustavo Leitão Cardoso e José Jorge Barreiros (org.), *Comunicação, Cultura e Tecnologias de Informação*, Lisboa, Quimera.

Chevallier, Jacques (1988), "Le mythe de la transparence administrative", *in Information e Transparence Administratives*, Paris, Presses Universitaires de France.

Condesso, Fernando (1995), *Direito à Informação Administrativa*, Lisboa, Pedro Ferreira.

Fernandes, José Pedro (1990a), "Certidão", *in Dicionário Jurídico da Administração Pública*, Lisboa.

Fernandes, José Pedro (1990b), "Certificado", *in Dicionário Jurídico da Administração Pública*, Lisboa.

Fonseca, Fátima (2002), *Dos direitos privados às responsabilidades públicas – os novos espaços e papéis do cidadão. Mecanismos de envolvimento dos cidadãos nas políticas públicas: um estudo de caso em Lisboa*, Lisboa, ISCTE (tese de mestrado).

Fonseca, Fátima (2003), "Envolvimento dos cidadãos nas políticas da administração local", *in* Juan Mozzicafreddo, João Salis Gomes e João S. Batista (org.), *Ética e Administração. Como Modernizar os Serviços Públicos?*, Oeiras, Celta Editora.

Fonseca, Fátima e Carlos Carapeto (2009), *Governação, Inovação e Tecnologias. O Estado Rede e a Administração Pública do Futuro*, Lisboa, Edições Sílabo.

Gomes, Maria Teresa Salis (2003), "Democracia participada e governo electrónico: duas metas inconciliáveis?", *in 1.º Congresso Nacional da Administração Pública. Os Vectores da Mudança*, Oeiras, INA.

Gonçalves, José Renato (2002), *Acesso à Informação das Entidades Públicas*, Coimbra, Almedina.

Gonçalves, Maria Eduarda (2003), *Direito da Informação. Novos direitos e formas de regulação na sociedade da informação*, Coimbra, Almedina.

Grandi, Roberto (2002), "Derecho a la información y derechos ciudadanos", *in* José Vidal Beneyto (org.), *La ventana global*, Madrid, Taurus.

Heald, David (2006 b), "Transparency as an Instrumental Value", *in* Christopher Hood e David Heald (org.), *Transparency. The Key to Better Governance?*, New York, Oxford University Press.

Lasserre, Bruno, Noëlle Lenoir e Bernard Stirn (1987), *La transparence administrative*, Paris, Presses Universitaires de France.

Lei do Acesso aos Documentos Administrativos. Avaliação da sua execução pela Administração Pública (2000), Lisboa, CADA.

Letteron, Roseline (1992), "La transparence administrative", *La documentation française*, n.º 679, Mai.

Lévy, Pierre (2002), *Ciberdemocracia*, Lisboa, Instituto Piaget.

Liberdade de Informação – Segredo de Justiça. Colóquio Parlamentar (1992), Lisboa, Assembleia da República.

Livro Verde para a Sociedade da Informação em Portugal (1997), Lisboa, Missão para a Sociedade da Informação (Ministério da Ciência e da Tecnologia).

Lyon, David (1992), *A sociedade da Informação. Questões e Ilusões*, Oeiras, Celta Editora.

Lyon, David (2004), "A *World Wide Web* da vigilância: a Internet e os fluxos de poder *off-world*", *in* José Manuel Paquete de Oliveira, Gustavo Leitão Cardoso e José Jorge Barreiros (org.), *Comunicação, Cultura e Tecnologias de Informação*, Lisboa, Quimera.

Magalhães, José (1998), "Inovação Tecnológica e Administração Aberta", *in Encontro CADA/SAÚDE*, Lisboa, CADA.

Margetts, Helen (2006), "Transparency and Digital Government", *in* Christopher Hood e David Heald (org.), *Transparency. The Key to Better Governance?*, New York, Oxford University Press.

Martínez, Agustí Cerrillo (2005), "E-información: hacia una nueva regulación del acceso a la información", Revista de Internet, Derecho y Política (IDP), n.º 1 (2005), *in* http://www.uoc.edu/idp (em Agosto de 2005).

Martins, Agostinho de Castro (1998), "Acesso à Informação do Sector Público – Princípios Gerais", *in 3.º Relatório de Actividades da CADA*, Lisboa, CADA.

Miaille, Michel (2003), "Os direitos dos cidadãos na sua relação com a administração francesa: A Lei Francesa de 12 de Abril de 2000", *in* Juan Mozzicafreddo, João Salis Gomes e João S. Batista (eds.), Ética e Administração. Como modernizar os Serviços Públicos?, Oeiras, Celta Editora.

Moreno, Fernando Sáinz (1997), "Prólogo", *in* Severiano Fernández Ramos, *El Derecho de Acceso a los Documentos Administrativos*, Madrid, Marcial Pons.

Oliveira, José Manuel Paquete de, Gustavo Leitão Cardoso e José Jorge Barreiros (2004 b), "A Internet na construção de uma cidadania participada", *in* José Manuel Paquete de Oliveira, Gustavo Leitão Cardoso e José Jorge Barreiros (org.), *Comunicação, Cultura e Tecnologias de Informação*, Lisboa, Quimera.

Otero, Paulo (2001), "Coordenadas Jurídicas da Privatização da Administração Pública", *in Os Caminhos da Privatização da Administração Pública*, Coimbra, Coimbra Editora.

Pereira, Luís (2003), "A administração pública e a sociedade da informação", *in* Juan Mozzicafreddo, João Salis Gomes e João S. Batista (org.), *Ética e Administração. Como Modernizar os Serviços Públicos?*, Oeiras, Celta Editora.

Peters, B. Guy (2001), "De mudança em mudança, padrões de reforma administrativa contínua", *in* Juan Mozzicafreddo e João Salis Gomes (eds.), *Administração e Política. Perspectivas de Reforma da Administração Pública na Europa e nos Estados Unidos*, Oeiras, Celta Editora.

Poirmeur, Yves (1988), "Transparence et secret administratif dans le débat politique", *in Information e Transparence Administratives*, Paris, Presses Universitaires de France.

Pratas, Sérgio Manuel (2004), "O acesso à informação administrativa no Direito Comunitário: contributo para a transposição da Diretiva 2003/4/CE", *in Relatório de Atividades da Comissão de Acesso aos Documentos Administrativos de 2003*, Lisboa, CADA.

Pratas, Sérgio Manuel e Gabriel Cordeiro (2005), "O acesso à informação nas autarquias locais: as prerrogativas dos eleitos", *in* Revista de Administração Local, n.º 209, setembro/outubro.

Pratas, Sérgio Manuel (2007), "Administração aberta e Internet. O caso dos municípios portugueses", *in* Cadernos do observatório dos Poderes Locais (www.opl.com.pt).

Pratas, Sérgio Manuel (2008a), *A lei do Acesso e da Reutilização dos Documentos Administrativos Anotada*, Lisboa, Dislivro.

Pratas, Sérgio Manuel (2008b), "Os responsáveis pelo acesso em Portugal – Crónica de uma morte anunciada", *in* Revista de Administração Local, n.º 227, setembro/outubro.

Pratas, Sérgio Manuel (2013), *Transparência do Estado, Administração Aberta e Internet*, Lisboa, Editora INA.

Pratas, Sérgio Manuel (2015), *O Acesso à Informação de Saúde. Direitos, Procedimentos e Garantias*, Lisboa, Caminhos de Pax.

Pratas, Sérgio Manuel (2016a), "O regime de acesso ao processo clínico. Contornos atuais e perspetivas de reforma", *in* Factores de Risco, n.º 40 – abril/junho.

Pratas, Sérgio Manuel (2016b), "A nova LADA e a transparência administrativa em Portugal", *in* Revista de Administração Local, n.º 272 – outubro/dezembro.

Rangeon, François (1983), "Le public face a L'Administration", *in La Communication Administration-Administres*, Paris, Presses Universitaires de France.

Rangeon, François (1988), "L'accès à l'information administrative", *in Information et Transparence Administratives*, Paris, Presses Universitaires de France.

Rocha, J. A. Oliveira (2001), *Gestão Pública e Modernização Administrativa*, Oeiras, INA.

Scoffoni, Guy (1992), *Le Droit a L'information Administrative aux Etats-Unis. Du Modèle Américain au système Français de Transparence*, Paris, Economica.

Sjöblom, Stefan (1999), "Transparency and Citizen Participation", *in* Luc Rouban (org.), *Citizens and the New Governance. Beyond New Public Management*, Amsterdam, IOS Press.

Sousa, Luís de e João Triães (2008), "Corrupção e Ética em Democracia: o Caso de Portugal", *in* Luís de Sousa e João Triães (eds.), *Corrupção e os Portugueses. Atitudes, Práticas, Valores*, Lisboa, Rui Costa Pinto Edições.

Sousa, Marcelo Rebelo de (1994/95), *Lições de Direito Administrativo I*, Lisboa, Pedro Ferreira – Editor.

Tapscott, Don e David Ticoll (2005), *A Empresa Transparente. Como a Era da Transparência Revolucionará os Negócios*, São Paulo, M. Books do Brasil Editora, Ltda.

Vattimo, Gianni (1992), *A Sociedade Transparente*, Lisboa, Relógio D'Água.

Veiga, Alexandre Brandão da (2007), *Acesso à Informação da Administração Pública pelos Particulares*, Coimbra, Almedina.

Teixeira, Carla Susana de Sousa Cardoso (2002), *Atitude dos Funcionários face à Modernização da Administração Pública*, Lisboa, ISCTE (tese de mestrado).